La Estación

Un Viaje de Descubrimiento

Por

Ileana Ramos

V c

(Formato de guion)

Número de Control de la Biblioteca del Congreso: 2020909487

Primera edición ©2020 de Ileana Ramos

ISBN-13: 978-1-7345070-2-7

Para obtener información o para pedir libros adicionales, visite Amazon.com. Visite mi sitio web en: www.Ileanawrites.com

Dedicatoria

Dedico este libro a todas las personas a quienes les ha de llegar..., *y no será coincidencia.*

Dedicatoria Especial

Este libro está dedicado con gran amor, respeto, admiración y gratitud a la memoria de mi querido mentor y amigo, Albert Kearns, quien a través de su propio ejemplo me mostró el camino.

Especial Reconocimiento

Deseo agradecer a mi hermana, Elsita, por haber sido mi crayón rojo.
Su apoyo incondicional y la excelencia de su trabajo
hicieron una gran diferencia.

Un especial reconocimiento a Frank Butler por su inmensurable
ayuda para que la publicación de este libro fuera posible.

El libro a leer no es el que piensa por ti, sino el que te hace pensar.

James McCosh

Tabla de Contenidos

Prólogo

La vida es un misterio que demanda ser explorado.

Dostoievski

La gente iba de prisa para llegar a tiempo. Habían esperado una larga temporada para escuchar a Tony narrar el cuento: *La Estación*, y era la noche de su inauguración. Las entradas se habían agotado. La mayoría del público estaban en el teatro antes de que abrieran las puertas. ¡Ya pronto iba a empezar!

Tony permanecía en el camerino esperando la señal. Se había ganado la reputación de ser uno de los mejores narradores de cuentos de la ciudad; pero esta noche estaba un poco nervioso. En el fondo sabía que tenía que relatar esta historia mejor que nunca. El sudor le corría por la frente. Esta historia era *diferente*, y requería un tipo especial de narrador—alguien que realmente supiera del tema. Tony sabía que él era la persona indicada para transmitir el mensaje. Tendría que explicar las verdades ocultas en esta historia, y al mismo tiempo, compartir directamente de sus propias experiencias de vida.

Oyó al director de escena gritar a través de la puerta: «¡Cinco minutos!»

El público esperaba con entusiasmo. El Maestro de Ceremonias apareció, les dio la bienvenida y les dijo que esta noche iba a ser una noche de inspiración.

Se abrió el telón. Tony sonreía mientras caminaba al centro del escenario y los aplausos entusiasmados de la audiencia llenaron el lugar. Se sentó en la silla de cuero y se quitó el sombrero. ¡Estaba listo!

Capítulo Uno: La Decisión

Solo las personas que se atreven a ir demasiado lejos logran descubrir hasta donde pueden llegar.

T. S. Eliot

Tony ¡Bienvenidos damas y caballeros! Es un placer tenerlos con nosotros esta noche, dijo sintiéndose muy seguro de sí mismo.

Poco a poco, las luces empezaron a apagarse, quedando encendida solamente la luz que lo cubría. Tony estaba calmado y sereno. Estaba seguro de poder llegar al corazón de este relato y transmitir el mensaje escondido detrás de las cortinas de esta historia.

Tony *La Estación,* damas y caballeros, desea invitarles a viajar a través de sus páginas, donde sus líneas los llevarán por los caminos del alma y de la mente de Lily, una persona necesitada de la luz del espíritu.

Es posible que, en alguna parte de la historia, ustedes se identifiquen con ella..., o puede que no. De cualquier manera, espero que disfruten de este cuento, que, aunque tiene hechos ficticios, también contiene grandes verdades que no pueden ser negadas. *La Estación* fue escrita con gran simpleza para compartir con aquellos que estén interesados en este tema.

Tony permaneció en silencio por unos instantes observando fijamente al público.

Tony No sé qué es lo que estén buscando en sus vidas; pero Lily, buscaba la paz de mente y de espíritu, ¡el alivio de su alma!

Encontrar paz mental y espiritual, en medio de este alarmante mundo en que vivimos, es un regalo que no puede compararse con ningún tipo de placer terrenal. Vivir tranquilo, con armonía y serenidad en la mente y en el corazón, es un tesoro que no tiene precio.

Necesitamos y deseamos paz de mente y de espíritu. ¡Paz de mente y espíritu! Qué gran joya. ¿Podremos encontrar esta joya en un mundo donde hay tanto drama, caos, guerra, odio, resentimiento y peligro? ¿En este mundo donde hay tan poca esperanza y fe?

Multitudes están buscando la paz en reconocimiento y riquezas, en control y poder, en educación y conocimiento, en relaciones humanas y románticas. Las personas desean llenarse la cabeza de conocimiento y los bolsillos de dinero, pero sus corazones y almas permanecen vacíos.

Si ustedes escuchan esta historia sin prejuicios ni críticas, podrán encontrar tesoros escondidos que enriquecerán sus vidas.

Ahora, relájense y permítanme llevarlos a *La Estación,* donde abordaremos los trenes que nos llevaran a través de los picos y los valles de esta historia. Será un honor tomarles de la mano y llevarlos al corazón de este relato.

¿Nos vamos?

¿Qué podría ser peor que ser ciego?
Ser ciego de espíritu.

Helen Keller

Tony sentado en la silla de cuero frente a la audiencia empezó a narrar *La Estación*. El público se quedó en silencio, escuchando el perfecto tono de su voz, tan calmado y suave, que parecía arrullarlos entre sus ecos.

Tony ¡Qué hermoso día! Verdaderamente bello, aunque no todo está claro. En algunos lugares, el cielo está azul, y en otros gris.

De la misma manera que es en nuestras vidas. Algunas veces las cosas salen bien, otras no. No sé qué piensan ustedes, pero yo, en mi caso personal, he podido llegar a discernir que, para poder crecer en consciencia, necesitamos aprender y entender, que todos los altibajos en nuestras vidas, son las lecciones que nos permitirán alcanzar esa libertad de espíritu que tanto ansiamos.

Las montañas se vislumbran calmadas y quietas, en total serenidad, exhibiendo su belleza.

Así es cómo deseo estar, calmado y sereno, exhibiendo la paz del espíritu. ¿Y, ustedes?

Se puede escuchar el sonido del río que va corriendo como un torrente hacia el océano en busca de su destino final.

Este río me hace recordar mi propia alma, desesperada por estar en unión con la Fuente de mi creación.

Las aves vuelan libres bajo el inmenso firmamento, permitiéndole a la naturaleza proveerles su alimento.

Esto es lo que deseamos..., estar libres de todas las presiones que le permitimos al mundo y a la sociedad (ego) ejercer sobre nosotros. Deseamos creer con convicción de que todas nuestras necesidades serán provistas por esa mano invisible que nos rodea y en la cual creo. A medida que progresamos en el sendero de la vida, empezamos a comprender que solamente seremos libres cuando descubramos en nuestro interior la verdad de nuestra existencia (y cuando les permitamos a los demás que también sean libres).

El jardín está lleno de magnificas flores, tan bellas y perfectas. ¿Cómo puede negarse la existencia de Dios? Todas son tan distintas, creadas de diferentes formas y vestidas de esplendidos colores.

Cuando me detengo a observar las flores, los seres humanos me llegan a la mente, tan diferentes unos de los otros, pero cada quién tiene una belleza particular que necesita ser descubierta. El hecho de que no veamos belleza en cada persona no significa que no la tenga.

Aunque sus hojas estén cambiando de colores, los árboles se ven altos, tranquilos e inmunes a lo que pasa a su alrededor.

Nuestras vidas también cambian de color. Muchas veces nos sentimos agobiados por el cambio. Pero no es así con los árboles, ellos no parecen estar afectados por la transformación de sus hojas, al contrario, se mantienen quietos, firmes, fuertes y hermosos a través de la metamorfosis. Ha de ser porque los árboles están en total armonía con la tierra, sabiendo lo que son y a quién pertenecen. A mi parecer, esa es la clave, saber quiénes somos y a quién pertenecemos.

¡Qué magnifico lugar! Es una alegoría. Cierren sus ojos, le pidió a la audiencia. ¿Lo pueden ver con los ojos de su imaginación?

Piensa hoy y habla mañana.

H.C. Bohn

Tony — Allí estaba parada frente a aquel vasto océano. En ese entonces, Lily tenía solamente ocho años de edad. Contemplaba como las olas se desvanecían hacia la orilla del mar, sintiendo el sol en su rostro y saboreando la brisa del agua salada.

Lily pensó — ¿De dónde viene el mar? ¿Quién lo creó?

Tony — Conforme su vida pasaba y se hacía mayor, otras preguntas llegaron a su mente.

Lily pensó — ¿Quién soy? ¿Qué estoy haciendo aquí? ¿Qué se supone que debo de hacer con mi vida? Necesito respuestas.

Tony — Empezó a experimentar un profundo deseo de encontrarle respuestas a estas preguntas y así fue como empezó su búsqueda por la verdad.

El camino no será fácil, porque el sendero espiritual da muchas vueltas. Primero, tendrá que despertar a su espiritualidad y familiarizarse con las grandes alturas a las que podría ascender.

Tendrá que enfrentar cara a cara, el hecho de que está equivocada, así como lo estuve yo (y que a veces, aún me pierdo en el laberinto de mis emociones), viviendo su vida con ideas erróneas sobre el significado del amor, felicidad, alegría y de todo lo demás. Ideas impuestas por la sociedad. Tendrá que entender que nadie puede definir la verdad por ella, porque la verdad sólo se puede encontrar dentro de uno mismo. Tendrá que abrir su corazón y estar lista a escuchar. He aprendido que el estar abierto no significa que uno sea ingenuo o que indiscutiblemente se deba aceptar lo que otra persona esté diciendo. Estar abierto, significa estar dispuesto a cambiar. Significa que estamos listos para aceptar que nuestras creencias pueden estar equivocadas; que tenemos ideas que influyen nuestras vidas llevándonos al camino que no deseamos (el camino al sufrimiento).

Del sufrimiento han emergido las almas más fuertes. Los caracteres mas fuertes se forjan a base de enfrentar retos.

Gibran Jalil Gibran

Tony — La alarma sonó y Lily abrió los ojos a un nuevo día.

Lily pensó — ¡Ay, no! Un día más.

Tony — Todo lo que deseaba era quedarse metida en la cama. No tenía el más mínimo deseo de levantarse. Sentía sobre sus hombros todo el peso del mundo. Estaba deprimida. Se sentía rechazada y abandonada. El dolor de su alma era tan intenso que a veces no sentía el brazo izquierdo; le dolía, le dolía muchísimo. No deseaba seguir viviendo. Se sentía muy triste, enojada y confundida.

Lily pensó — ¿Y esto es de lo que se trata la vida?

Tony — Todo lo que deseaba era amor, pero el amor la evadía una y otra vez.

La alarma volvió a sonar.

Lily pensó — Es hora de levantarme y ponerme la máscara.

Tony — Era una máscara gruesa, tan gruesa que muy pocas personas podían sospechar que ella sufría. Lily actuaba tan bien, que no le permitía a nadie ver su sufrimiento. Era muy vergonzoso ser débil y reconocer que el amor la había abandonado.

Lily pensó — No lo necesito...

Tony — Su corazón estaba roto. Una sábana gris de pesar le cubría el alma. Había amado y confiado, tal y como lo hace un niño, y un día, el corazón se le rompió en mil pedazos.

> Igual como se desvanece un edificio cuando no tiene cimientos.

La verdad es que era una persona muy afortunada. Tenía tantas cosas a su favor, pero estaba ciega. No podía agradecer los grandes regalos que la vida le había otorgado. Estaba pérdida, arrastrando de un lugar a otro el vacío de su corazón. Todo lo que deseaba era amar y ser amada, pero el amor no tenía planes de estar alrededor. Se sentía triste y sola. La soledad era su compañía, una compañía que hería intensamente su corazón.

Sin necesidad de decirlo, estaba enojada—de hecho, muy enojada. Estaba furiosa con el mundo..., y con Dios.

Lily pensó — No necesito a nadie puedo hacerlo todo sola...

Tony — Había construido un muro muy grueso que la protegía de ese mundo tan hostil en el que vivía.

Estaba llena de ira, amargura, confusión e inconformidad. ¡No tenía gratitud! Tenía miedo del futuro y de no saber con certeza hacia dónde caminar. Deseaba liberarse del dolor que sentía, pero no sabía dónde encontrar las herramientas que le ayudaran a despojarse del desconcierto que llevaba en el alma.

Sentía que no tenía un lugar a donde ir. No deseaba que otros supieran de su dolor, personas que estaban tan ciegas como ella y muy ocupadas con sus cosas como para ponerle atención a su alma solitaria. En la mayoría de los casos, los demás no la entendían, lo único que hacían era hablar, criticar y aconsejar. No eran capaces de escuchar.

Había tratado tantas veces de encontrar las respuestas en su propia mente y hasta en la mente de otros. Había usado su propio poder (su ego) para sanar el vacío de su corazón, pero todo había sido en vano.

Quería tener el control de su existencia. Deseaba ser el *Master* de su propia vida, el capitán de su barco. Quería las cosas de la manera como las quería y cuándo las quería..., he allí el origen de su dolor. Deseaba paz y alegría, pero era una perfeccionista. Esto le dificultaba las cosas porque la necesidad de perfección y el deseo de paz interior chocan entre sí.

Lily no era consciente de que todos aquellos quienes desean paz y júbilo en sus vidas, deben aprender y entender, muy profundo en sus corazones, que al final de cuentas, lo que ellos quieren, realmente no importa. Porque cuando se percatan de la verdad, se dan cuenta que ni siquiera saben qué es lo mejor para ellos.

Esto me recuerda a mi amigo y maestro, Sam. Yo era un perfeccionista que insistía en que las cosas fueran de otra manera de lo que eran. Durante una de las tantas veces que platicamos sobre temas de la vida, Sam me dijo:

Sam — Tony, el día que dejes de vivir la vida basándote en «yo quiero esto» o «yo no quiero aquello» o «quiero eso» o «no me gusta lo otro», ese día encontrarás la paz. Cuando aprendas a manejar tu necesidad de perfección, entenderás la vida tal y como es. Cuando constantemente te preocupas por las cosas que no puedes cambiar, te atacas a ti mismo y te pierdes de la oportunidad de experimentar la magia y la belleza que la vida ofrece.

Tony — En su corazón, Lily intuía que había algo más—un lugar diferente donde sentirse segura. Buscaba ese lugar. Andaba en búsqueda de la Fuente (Dios), de donde pudiera emanar el elíxir de la vida—amor, paz, entendimiento, comprensión, tolerancia y las respuestas al misterio de su vida.

Tenía un espíritu rebelde; no le gustaba que le dijeran qué era lo que tenía que hacer, que le dictaran cómo debía vivir su vida, que le interpretaran el misterio de la existencia del hombre. Deseaba encontrar las respuestas por sí sola—en su interior. Ansiaba tener la libertad de escoger su propia verdad de la manera que mejor la entendiera. Estaba cansada de que la manipularan como a una marioneta, que los acontecimientos o personas le dictaran como debía sentir. Deseaba ser libre..., libre de ser ella misma.

Tenía la determinación de encontrar su camino, de caminar su propia senda y aprender sus propias lecciones. Ese era su derecho. Se debía a sí misma el explorar la vida y encontrar el pan que le alimentara el hambre de su alma (el hambre por la autorrealización).

Duele. Duele un montón. Pero va a pasar, y cuando sane,
más fuerte vas a brillar, más alto vas a volar, más libre vas a soñar.
Y vas a entender, que algunas historias terminan,
para que otra mejor pueda empezar.

El Principito

Tony — Había una gran tormenta y la lluvia caía fuertemente. Lily observaba las gotas de agua que se resbalaban por la ventana.

Lily pensó — Igual que la tormenta de mi alma y las lágrimas de mi corazón.

Tony — Estaba cansada, cansada de vivir con ese vacío, defraudada de las malas relaciones con algunas personas, hastiada de sentirse enojada e insegura, asustada de no saber qué hacer, de caminar hacia lugares que no llenaban su alma sedienta. Estaba fastidiada de aparentar ser feliz, de proyectar una imagen que estaba muy lejos de la realidad. Deseaba deshacerse de la máscara que por tanto tiempo había ocultado su verdadera identidad. Sufría debido a la impotencia ante la vida porque las cosas no salían como quería. Deseaba liberarse de la manipulación que ejercía en otras personas para llenar sus propias necesidades..., y viceversa. Se sentía inepta ante las adversidades de la vida y no tenía un cimiento solido de donde sostenerse para construir el camino anhelado.

Desesperanzada, cerró los ojos. Ansiaba la unión con el origen de su creación y sentirse cubierta con su invisible manto. Estaba sedienta por el agua de la Fuente (el origen de la existencia). Necesitaba encontrar el significado y propósito de su vida.

Lily pensó — ¿Dónde estará la Fuente?

Tony — Necesitaba esos brazos invisibles en los que pudiera descansar de las exigencias del mundo y de la presión que ella misma se imponía con sus pensamientos, creencias y expectativas, las que se habían convertido en un yugo sofocante.

Sabía que tenía un largo camino por delante. Se había dado cuenta de que todos sus esfuerzos por sanar el vacío de su alma habían sido en vano. Y ahora, sentía el deseo (la necesidad) de ir más allá y encontrar sabiduría y entendimiento. Decidió dar un paseo por los paisajes de su alma y mente, esperando encontrar la sanación. Deseaba deshacerse de los obstáculos que ella misma había fabricado y que bloqueaban la corriente del agua que se encuentra en el interior del Ser (de uno mismo).

> Cuando Lily vaya de un lugar a otro, se encontrará con verdades eminentes que son imperativas para encontrar el espíritu de paz. Se enfrentará con realidades acerca de sí misma que no le gustarán. Sin embargo, si su prioridad es encontrar la paz mental y espiritual, no tendrá otra alternativa más que aceptar los retos que encontrará a lo largo del camino y actuar para su más alto beneficio.

Capítulo Dos: La Ciudad del Conocimiento

Si no se modera tu orgullo,
Él será tu mayor castigo.

Dante Alighieri

Tony

Con el corazón roto a consecuencia del dolor, miedo, inseguridad, falta de control, de fuerza de voluntad, resentimiento, ira, orgullo y otras emociones, Lily llegó a la estación para tomar el tren e ir en búsqueda de la Fuente. Sintiéndose profundamente perdida, inició una expedición llena de esperanza. La decisión de buscar el origen de su existencia le producía ansiedad. Sin embargo, había un elemento espiritual que le hacía más fácil el camino. Era guiada por el más profundo deseo de saber cómo encontrar el significado y propósito de su vida. La incertidumbre y lo desconocido no dejaban de asustarla, pero su deseo de encontrar el significado de su existencia y descubrir el verdadero amor, superaba todos sus miedos.

Lily iba camino a una búsqueda interior donde se vería cara a cara con sus limitaciones de carácter (ego) que le impedían asociarse con el amor y el agradecimiento.

> Déjenme contarles acerca del día en que me tiré a los brazos de lo desconocido. Sentí miedo, mucho miedo. Pero, después de un tiempo, pude darme cuenta de que había estado equivocado. No le temía a lo desconocido, más bien, le temía al desprendimiento de lo conocido, a soltar lo que por tanto tiempo había poseído; el control de mi vida bajo mis propios términos.

Al llegar a la Estación, notó que había muchas ciudades a las cuales podía ir, varios trenes con diferentes destinos. ¿Qué tren debía tomar? ¿A qué ciudad debía ir? Sin saber exactamente a dónde dirigirse, se subió en el primer tren que salía de la estación (confiando en la suerte).

El día estaba hermoso cuando llegó a la Ciudad del Conocimiento. El sol brillaba y la buganvilia color púrpura resbalaba por las paredes, semejando una manta de tela brillante que parecía susurrar: «Bienvenida Lily». Suspiró profundamente. El corazón le palpitaba más rápido de lo normal, en anticipación de lo que iba a encontrar en esta ciudad.

La Ciudad del Conocimiento era un lugar que contenía sabiduría en abundancia. ¡Era un lugar divino! Lily sentía que estaba en medio de las páginas de una fábula. Caminó hacia el bosque admirando las diferentes especies de árboles que se desplegaban como velos sobre las grandes montañas. Cerró los ojos y respiró el aire puro y limpio.

Lily pensó — Qué bella sensación la que me inspira este lugar.

Tony — Se sentó bajo la sombra de un árbol a la entrada del bosque para admirar y deleitarse con la belleza que la rodeaba. De repente, divisó un pequeño carro verde oscuro que venía subiendo la colina hacia ella. El conductor era muy apuesto e irradiaba serenidad.

El Conductor — Buenos días, señorita. ¿Puedo ayudarla en algo?

Lily — Espero que sí. Me llamo Lily y estoy buscando la Fuente que contiene el agua para apagar la sed del alma.

El Conductor — Mucho gusto de conocerte, Lily. Mi nombre es Perdón y sé dónde está la Fuente, súbete, le dijo, abriéndole la puerta muy cordialmente. Vamos a conversar un rato y al mismo tiempo te mostraré algunas partes de la ciudad.

Tony — Subió sin desconfianza. Perdón la hacía sentir cómoda. La carretera empezó a descender la colina. Estaba fascinada con el paisaje. Era un hermoso día de verano y se respiraba un aire puro. Del lado derecho veía las altas y quietas montañas que se imponían sin ser afectadas por el ambiente. Eran tan altas que la cima parecía entrelazarse con el cielo. Del lado izquierdo, estaba el océano color turquesa y sus olas que chocaban en la playa, era una vista que la dejaba sin aliento. Las gaviotas volaban sobre el agua, esperando pescar su alimento y..., a lo lejos, podía escuchar el murmullo de las focas. Volvió a suspirar. ¡Era un lugar tan hermoso!

Perdón	Sé dónde puedes encontrar el agua que estás buscando.
Lily	¿De verdad? Dígame, ¿dónde está?
Perdón	¡Está en la Fuente!
Tony	Lily se sintió frustrada con la respuesta de Perdón. ¡Ella ya sabía eso!
Lily pensó	¿No es eso lo que le acabo de decir? Lo que quiero saber es ¿dónde encontrarla?
Tony	Perdón observó su reacción.
Perdón	Llegarás a la Fuente, no tengo ninguna duda de eso; pero lamento decirte que te queda un largo camino por recorrer.
Lily	¿A qué se refiere?
Perdón	Veras, si llegas a encontrar la Fuente, encontrarás el alivio para tu alma..., pero tal bálsamo no es tan fácil de conseguir.
Lily	¿Y por qué no?
Perdón	Porque necesitas a Sabiduría para ayudarte a descubrirlo.
Lily	¿Y cómo puedo encontrarla?
Perdón	La encontraras a lo largo del camino. Debes caminar por el sendero que tienes frente a ti, para aprender las lecciones necesarias a través de las experiencias de tu vida—buenas o malas. Aunque, para decir verdad, no hay experiencias buenas o malas, todas están aquí para enseñarte algo. Estas experiencias te ayudarán a encontrarte con Sabiduría. Ella te preparará para saber cómo despojarte de tu peor enemigo.

Lily ¡No entiendo! ¿Quién es mi peor enemigo?, preguntó con el ceño fruncido.

Perdón ¡Eres tú! ¡Eres tú! Pero no lo sabes.

Lily ¿*Yo*? ¿Por qué dice eso?

Perdón Porque tú, al igual que la mayoría de las personas, estás llena de conceptos errados. Te puedo asegurar que ellos pueden conducirte a un camino equivocado, haciéndote creer que las circunstancias de tu vida son peor de lo que son. Además, abrigas rencor, culpa y un gran resentimiento. Déjame decirte que antes de que puedas beber de las aguas espirituales, necesitas aprender a despojarte.

Lily ¿Qué quiere decir con eso?

Perdón Para encontrar el alivio de tu alma, necesitas aprender a perdonar y a perdonarte.

Tony Perdón sabía que ella cargaba en su mente los estragos ocasionados por el rencor, el juicio y la culpa—poderosos obstáculos en su camino que le impedían su progreso.

Entiendo por lo qué Lily estaba atravesando. Lo sé porque por bastante tiempo, al igual que ella, permití que esos estragos habitaran por mucho tiempo en mi mente, y como resultado, sufría. Pero un día, un pedazo de sabiduría me llegó a través de mi mentor Sam, a quien he mencionado anteriormente. Sam me dijo:

Sam Tony, tu dolor es el resultado de un error de pensamiento que le puede causar graves problemas a tu vida y a tu salud. ¡Piénsalo!

Tony Pensé y medité al respecto, y después de un tiempo, me di cuenta que la desdicha, el estrés, la ira y el conflicto que llevaba dentro, era el resultado de mis propios pensamientos y creencias que estaban llenos de temor.

Sam Puedes cambiar tu manera de ver y de pensar, siempre y cuando, mantengas los ojos internos abiertos para identificar los pensamientos errados que provocan dolor y amargura.

Tony — Después de un tiempo, aprendí a cambiar mi forma de pensar y con ello me di cuenta que la desdicha se deriva de la gran confusión que tenemos con respecto a quién somos en verdad.

Perdón — Lily, si persistes en abrigar la presencia de estos pensamientos tan destructivos, te mantendrás llena de dolor, frustración y desesperación. ¿Entiendes?

Tony — Ella no respondió. Se mantuvo en silencio. Sabía que lo que Perdón decía era verdad y no iba a negar que sentía rencor.

Lily pensó — ¡Pero tengo mis razones!

Perdón — Escúchame, el apego a cosas como la ira y la culpa siempre te esconderán la verdad. Te pondrán barreras y te marcarán los límites de cuan feliz puedes llegar a ser.

Tony — Lily escuchaba y una lágrima le rodó por la mejilla. Estaba enojada y resentida porque se sentía poco amada y rechazada. Lo único que quería era que la dejaran sola y que no la compararan con otros. Quería ser aceptada con sus virtudes y defectos; que la amaran..., que la amaran tal cual..., incondicionalmente.

Tony hizo una pausa. Se le quedó viendo fijamente al público con una mirada que expresaba conocimiento. ¡Él sabía de lo que estaba hablando! Lo sabía porque lo había experimentado. Por lo tanto, cuando se dirigió a la audiencia, lo hizo con tal convicción.

Tony — Lily no se había dado cuenta, que lo que realmente deseaba era sentir ese amor sin condición que solo se puede encontrar en la Fuente. De hecho, eso es lo que necesitamos todos (amor incondicional).

Perdón — Hay muchos caminos que tienes que seguir antes de llegar a tu destino final (la autorrealización). Cada camino te enseñará una nueva lección. Sí estás dispuesta a poner en práctica lo que aprendes, te irás acercando más y más. Pero..., debes tener presente, que sólo puedes dar un paso a la vez.

Lily — ¿Qué quiere decir con «dar un paso a la vez»?

Perdón	Que cuando aprendes una lección y la pones en práctica, das un paso.
Tony	Perdón se quedó en silencio y la vio con mucha seriedad.
Perdón	No deseo imponerme, pero la verdad es que para poder encontrar el agua que te ayude a satisfacer la sed de tu alma, me necesitas. Es necesario que me hagas parte de tu vida, que me abras la puerta de tu corazón.
Lily pensó	Es más fácil decirlo que hacerlo.
Tony	Lily sintió mucha rabia al pensar en las personas que creía le habían hecho tanto daño, y que a pesar de sus esfuerzos no había logrado perdonar y olvidar.
Lily	Pero..., dijo torpemente, he intentado muchas veces abrirle mi corazón, pero no he podido dejarlo entrar. Créamelo, si pudiera, lo haría, pero no puedo.
Perdón	¡Sé que no puedes! No puedes hacerlo sola. Escúchame. Conforme te vas acercando más y más a la Fuente (el origen de donde emana sabiduría, conocimiento, fortaleza y poder), lograrás abrirme la puerta de tu corazón. ¡Te lo garantizo! Necesitas encontrar a Sabiduría, ella es la llave—la llave que te ayudará a abrir tu corazón para que puedas despojarte de sentimientos que te traen dolor y los reemplaces con sentimientos que te traigan alegría.
Lily	Pero, ¿dónde encuentro a Sabiduría?
Perdón	Ya te lo dije antes. Está a lo largo del camino, en las experiencias de tu vida—experiencias que te ayudaran a abrir los ojos para ver las cosas de otra manera.
Lily	Exactamente, ¿qué quiere decir?
Perdón	Cuando te des cuenta del mal que te haces a ti misma dándole abrigo al rencor, la culpa, la avaricia, el orgullo, la soberbia y la susceptibilidad..., entonces podrás escoger cambiar. Esa decisión te transformará internamente y te ayudará a encontrar la llave que abre la puerta. Es solamente un cambio de percepción, pero en el cambio de percepción, está el milagro. Recuerda que la transformación se logra solo cuando estás lista para escoger..., no antes.

Tony — Lily estaba enojada. No quería esperar a Sabiduría. El dolor de su alma era demasiado fuerte.

Lily pensó — ¡Yo quiero la transformación ahora mismo! ¡Ahora mismo!

Tony — ¿Pero saben qué? ¡Así no funcionan las cosas! En los asuntos del alma debemos experimentar un cambio de corazón (una profunda transformación) y no podemos tomar atajos para llegar allí. Tenemos que caminar paso a paso y poner en práctica lo que aprendemos a lo largo de la senda.

Perdón manejaba por los suburbios de la ciudad, cuando de repente la carretera dio un fuerte giro. Lily estaba extasiada con otro de los bellos paisajes. Frente a ella había tres majestuosos volcanes que descansaban al pie de un limpio y tranquilo lago. ¡Era una vista maravillosa! Las nubes cubrían la punta de los volcanes a excepción de los picos que lograban escaparse de la niebla. Las buganvilias que se deslizaban coquetamente a lo largo de las paredes de las casas vecinas, parecían aún más brillantes, ofreciendo un toque especial de belleza con sus múltiples colores.

Perdón — No sé cuál es la historia de tu vida, o contra quién guardas tanto resentimiento, o por qué te sientes culpable..., pero déjame compartir contigo un par de historias que creo te ayudaran a entender.

No hace mucho, Marcos llegó a esta ciudad lleno de rabia en contra de su padre, quien no era un hombre sabio y había abusado verbalmente de él. Martín, el papá de Marcos, había tenido una niñez muy infeliz; su madre había sido bastante abusiva e irrespetuosa con él. Martín no sabía cómo ser un buen padre, trataba de hacer lo mejor..., tenía buenas intenciones. Marcos, siendo apenas un niño, no podía comprender. Desde muy temprana edad, demostró tener un temperamento fuerte y Martín no supo cómo lidiar con él; lo comparaba con otros niños y lo castigaba verbalmente por ser como era.

Definitivamente, Marcos no sentía el amor de Martín; todo lo contrario, Martín le exigía que fuera dulce y obediente, pero esa no era su naturaleza; él era rebelde y deseaba sentir el amor de su padre y pasar más tiempo con él para compartir las cosas importantes de la vida; pero parecía que Martín no tenía ni el tiempo ni el deseo de hacerlo y por lo general estaba enfadado, quejándose de todo a cada momento..., y eso hizo que Marcos no se sintiera digno de recibir amor.

Marcos y yo platicamos por un largo rato. Traté de hacerle entender que la ira y resentimiento que abrigaba en su corazón contra su padre, eran más dañinos para él que para Martín. «Marcos, debes encontrar la manera de perdonarlo, no puedes seguir viviendo con esos sentimientos de rencor. Deja ir la ira y el resentimiento», le sugerí. «No puedo», me contestó. Lo vi con mucha preocupación. «No tienes que perdonar su comportamiento, sólo debes perdonarlo a él», le respondí. «No entiendo», dijo. «Bueno», continué, «tienes razones válidas para justificar tu resentimiento, pero el precio que estás pagando al permitir que la ira te domine, es demasiado caro. El perdonar no significa que aceptes lo que crees que te hizo. ¡No! Lo que quiere decir es que estas dispuesto a soltar. Significa que ya no quieres seguir cargando con el dolor que te ocasionó la falta de capacidad de tu padre de expresarte su amor. Cuando abrigas sentimientos de odio y rencor, te castigas a ti mismo más de lo que castigas a otros».

Tony

Lily estaba escuchando muy atentamente.

Perdón

Ahora, déjame contarte otro caso. Margarita cargaba mucha culpa, ya que, por falta de sabiduría, había cometido muchos errores en su vida. No era compasiva y tenía muy poca paciencia. Primero, segundo y tercero..., pensaba en ella. Basado en las normas del mundo, Margarita era una egoísta de primera categoría. Ya fuera que esas normas fueran correctas o no, ella se sentía egoísta y creía que su egoísmo era un gran defecto de carácter..., y sentía culpa por ello. No era muy tolerante con ella misma, y mucho menos con los demás. No estaba orgullosa de quién era y esto le ocasionaba todo tipo de culpa; sentimiento destructivo que se le fue metiendo poco a poco hasta que penetró en lo más profundo de su mente.

«Margarita», le dije, «debes entender que los errores que has cometido en tu vida ya están hechos y que no hay nada que puedas hacer para retractarte de ellos. ¡Lo hecho, hecho está! Todo lo que puedes hacer es aprender de esos errores y tratar de no volverlos a cometer, pero, si te equivocas y vuelves a tropezar con la misma piedra, no pasa nada, no sigas castigándote por ello. Aprende a amarte y a ser más amable y benevolente contigo y con los demás. Tu manera de pensar y de creer ocasionan ese sentimiento de culpa. Tus pensamientos (no los de nadie más), te mantienen en esa esclavitud que te está sofocando. Margarita, todo lo que haces en la vida lo haces porque así escogiste hacerlo. Eres libre de escoger algo nuevo y mejor en cada decisión; si en el pasado tomaste una decisión errada, no tienes porqué continuar castigándote. Si sientes que algo dentro de ti no está bien, tienes la opción de cambiarlo. No tienes por qué seguir dándote golpes contra la pared por los errores que cometiste. Puedes escoger ser la persona que quieres ser y debes perdonarte por no ser perfecta. Nunca lo serás. ¡Nunca! Pero puedes alcanzar la excelencia..., sea lo que sea que eso signifique personalmente para ti».

¿Entiendes lo que te estoy tratando de decir? ¿Te das cuenta de la importancia que tiene soltar el rencor? Perdonándote primero y luego perdonando a los demás, es la mejor manera de sanar las heridas abiertas. Soy fundamental para que sanes y puedas sentirte en paz. Permíteme fluir dentro de ti como una catarata, llevándome todas las toxinas de los recuerdos miserables y dolorosos que ya no te sirven y dejándote en su lugar agua limpia y pura que transformara tus pensamientos y creencias.

La voluntad de aceptar la responsabilidad de nuestra propia vida es la Fuente de la que brota el respeto a uno mismo.

Joan Didio

Tony — Perdón y Lily continuaron paseando por los alrededores de la ciudad por unas horas más, deleitándose con la belleza, paz, tranquilidad y armonía que se respiraba en el lugar. En el paisaje podían verse las bellas montañas, los tupidos bosques, los campos cubiertos por un manto de flores y brillantes lagos. Llegaron a la zona peatonal del pueblo; estaba llena de almas sedientas que iban en búsqueda de la sabiduría que los habitantes de la Ciudad del Conocimiento ofrecían a sus invitados.

Mientras caminaban por las calles, Lily sintió como que si hubiera sido transportada a un momento más tranquilo de la historia. La ciudad tenía edificios espectaculares, grandes parques y amplias plazas. Había varios mercados al aire libre que exhibían exquisitas frutas y verduras de todos colores y tamaños.

Perdón saludó a una señora que venía por el otro lado de la acera y se alejó para hablar con ella. Hablaron por un corto tiempo. La señora parecía fuerte y estricta, pero al mismo tiempo irradiaba gentileza. En un momento dado ambos miraron hacia Lily, así que adivinó que estaban hablando de ella. Durante su visita, se pudo dar cuenta que el objetivo de los habitantes de la Ciudad del Conocimiento, es ayudar a sus huéspedes a encontrar las respuestas para encaminarlos hacía la Fuente. Todos viven en total armonía, apoyándose mutuamente para alcanzar la meta deseada.

Perdón y Responsabilidad caminaron hacia ella.

Perdón — Lily, me gustaría presentarte a una amiga. Le he platicado sobre tu búsqueda de la Fuente.

Tony — La dama la vio fijamente y sin rodeos, le dijo:

La dama — Antes de que puedas abrirle la puerta de tu corazón a Perdón o a alguien más, necesitas conocerme. Mi nombre es Responsabilidad y soy primordial en la búsqueda de la Fuente.

Responsabilidad Verás, sin mí, no puedes adelantar. Necesitas hacerme parte de tu vida diaria y llevarme contigo a donde quiera que vayas. Déjame explicarte algo. Has malinterpretado el significado de mi nombre. Cuando piensas en mí, solo puedes relacionarte conmigo desde un punto de vista de obligación y deber, lo cual es sólo una parte de mí. Pero soy mucho más que eso. También soy quien te ayudará a encontrar una respuesta a las circunstancias de tu vida.

Debes entender que cuando vives fuera de la Fuente, tu vida está en tus manos. Déjame decírtelo nuevamente: *está en tus propias manos*. Ahora, permíteme preguntarte, ¿de qué sirve eso sin dirección? ¿Si ni siquiera sabes de dónde vienes y a dónde vas?

Lily Pero eso nadie lo sabe. La vida es un misterio.

Responsabilidad Así es. Tienes toda la razón. Nadie lo sabe, exceptuando a la Fuente, quien lo sabe todo. Por eso mismo es que sin ella estás perdida. Todos aquellos quienes han podido ir más allá de la lógica y la razón, han logrado conectarse. El origen de su creación y de toda la sabiduría y conocimiento está en ella. Es allí donde se encuentra el tesoro escondido que te revelará la verdad, y como resultado, tu existencia ya no será un misterio para ti.

Lily ¿Por favor, podría explicarme lo que está diciendo?

Responsabilidad Lily querida, lo que te estoy diciendo es que cuando vives sin ser consciente de que tienes a la Fuente en tu corazón (en tu alma), vas por la vida sin dirección ni guía; esperando que los planes que haces resulten como lo deseas. Si no has aprendido a escuchar en tu interior la voz de la Fuente (la voz del espíritu..., tu propia vos), no puedes ser guiada, porque lo único que escuchas es el eco de tu lógica y los susurros del miedo, inseguridad e incertidumbre, así como los murmullos de las creencias que te ha impuesto la sociedad (ego). Por eso es que es tan importante (esencial) que te percates que la Fuente está realmente dentro de ti. Nunca podrás escuchar la voz de tu interior (la voz de Dios), en una mente gobernada por el ego y sus atributos: miedo, temor, juicio y soberbia.

Tony La quieta y dulce voz de la Fuente solo puede escucharse en el silencio (cuando la mente egoica se aquieta).

Responsabilidad Como ya te he dicho, sin la Fuente, continuaras sintiéndote sola y perdida, devorada por la ansiedad.

Lily Ah..., pero, Responsabilidad, titubeo Lily, conozco mucha gente que está satisfecha con su vida y esas personas dependen de ellos mismos.

Responsabilidad Lily querida, tú no puedes ver los corazones de las personas. ¿Cómo puedes saber si están satisfechos o no? Estoy de acuerdo en que muchas personas *creen* que no necesitan a la Fuente en sus vidas, pero tú sí. Tú sí la necesitas. No pierdas más el tiempo pensando en la vida de otras personas. Piensa en tu vida y en lo que necesitas para ser dichosa. Tienes la opción. Entonces, escoge lo que es mejor para ti basado en los deseos de tú corazón.

Tony De nuevo, Responsabilidad vio fijamente a Lily.

Responsabilidad Todo lo que ha pasado en tu vida hasta el día de hoy, todas las acciones que han contribuido a esa pesadez que llevas dentro, ha sido porque no me has tomado en cuenta. Todas tus acciones y pensamientos han contribuido a la carga que llevas en tu corazón. Tu falta de conocimiento ha creado las circunstancias de tu vida. Si verdaderamente deseas encontrar la Fuente, debes aceptarme, y mientras más rápido, mejor. Debes admitir que tu experiencia de vida, es el resultado de tu comportamiento, conducta, decisiones y de la falta de entendimiento (la ignorancia colectiva). No te sientas mal, no te digo esto para desanimarte ni para hacerte sentir culpable; te lo digo para que tengas la oportunidad de darte cuenta de que tu corazón está guiado por una auténtica necesidad por la Fuente, y sólo cuando respondas a lo que tu alma necesita, encontrarás descanso y tranquilidad. Si verdaderamente deseas que Perdón entre en tu corazón, debes permitir mi guía para que los resultados de tu vida sean diferentes. Esto te hará bien pues te ayudará a dejar de culpar a otros por lo que te pasa.

Tony — Lily se quedó en silencio, pensando.

Lily pensó — Pero sí yo no he hecho nada malo. No es mi culpa, ellos me atacaron a mí. Ellos son los culpables.

Responsabilidad — Lily, dime la verdad. ¿Culpas a otros por el peso que llevas en tu corazón? Estás obteniendo algo con culpar a otros por tu dolor y tristeza, ¿verdad que sí? No tienes que responderme. Yo lo sé. Las personas creen que ganan con culpar a otros, sin saber que es a ellos mismos a quien culpan.

Tony — Lily no contestó. Lo único que quería era llorar. Finalmente se estaba dando cuenta de los crueles pensamientos que había estado sosteniendo en su mente por tanto tiempo. Nunca se había sentido responsable por el dolor que sentía. Al contrario, otros le habían causado el dolor—y ella era la víctima. En su vida, había crecido sintiendo que el amor del mundo siempre había sido condicional y podía evaporarse en cualquier momento si ella no se acataba a las expectativas de otros. Se le había requerido ser diferente—ser alguien que no era. Le habían exigido ser buena—y eso significaba comportarse de una manera que estuviera de acuerdo con las reglas eclesiásticas y sociales.

Responsabilidad — Mira Lily, dijo en un tono muy suave de voz. Una de las lecciones más duras de la vida es aceptar las consecuencias de tus actos. Cuando aprendas a soltar la victimización, te liberarás de esos pensamientos que de una manera inconscientemente te han causado placer.

Lily — ¿Disculpe? ¿Dice que me ha causado placer? ¿Cree que me gusta sentirme miserable? ¿Cómo podría escoger ser infeliz? ¿A qué se refiere?

Responsabilidad — Me refiero al placer que da ser el centro de atención.

Lily pensó — Yo no quiero llamar la atención de nadie. Lo único que deseo es encontrar el bálsamo para aliviar mi dolor…, nada más.

Lily ¿Me podría dar un ejemplo, por favor?

Responsabilidad Sí, claro, déjame compartir contigo la historia de Sergio. Sergio tenía muy mal carácter, era agresivo, dominante y manipulador. Se imponía ante otros; sobre todo ante su familia y algunos de sus amigos. Le gustaba echar culpa y créeme, era muy bueno para ello. Si su familia no hacía lo que él decía, les aplicaba la ley del hielo. Esa era su manera de castigarlos por no hacer lo que él quería. Todos podían ver que Sergio tenía un grave problema, pero él no podía darse cuenta de ello, porque inconscientemente, ésta era su forma de llamar la atención—y le gustaba. Le encantaba que lo elogiaran y hacerse notar. Exigía ser el primero en la vida de sus seres queridos. Se sentía inseguro y demandaba que ellos le probaran el amor—una y otra vez. Ese comportamiento le aseguraba la atención que necesitaba, pero después de todo, esta clase de atención solamente llenaba temporalmente el vacío que llevaba.

En una oportunidad, tuve que llamar su atención a su comportamiento, tratando de hacerle entender que estaba viendo las cosas erradamente. Se me quedó viendo con furia. «¿Por qué te enojas tanto?», le pregunté. «¿Acaso no te estoy diciendo la verdad?». Déjame decirte que Sergio se puso a la defensiva. «¡Así soy yo! ¡Y quien me quiera, tendrá que aceptarme así, tal y como soy!», contestó con arrogancia. «¡No Sergio!», le respondí. «Las personas no reaccionan bien a ese tipo de proceder. Cuando les exiges, te darán la espalda porque no saben cómo manejar tus exigencias. Cuando actúas tan ofensivamente, los haces sentir incómodos, y para algunos es más fácil dar la vuelta y retirarse y para otros, defenderse y pelear contigo, y luego lo que pasa es, que te quedas solo. ¿Estás al tanto de esa situación?», le pregunté. «¿Sergio, estás consciente de que la manipulación y agresividad que impones a los demás, no es lo que tú eres en realidad? No es la verdadera esencia de tu ser, es solamente la forma en que decides comportarte. Pero eso puede cambia, si así lo deseas». Con el tiempo, comenzó a darse cuenta que yo tenía razón. Aceptó que su carácter agresivo era la razón por la que se había sentido rechazado toda su vida. Entendió que ejercía sobre sus seres queridos una manipulación emocional que los sofocaba y fue entonces, que decidió cambiar. Cuando me aceptó y se dejó guiar, empezó a avanzar hacia la Fuente.

Por el otro lado, debes tener cuidado de no aceptar compromisos que no te corresponden.

Lily ¿Qué quiere decir con eso?

Responsabilidad Lo que te estoy diciendo es que no debes responsabilizarte por las decisiones de otros. Cada quien tiene la libertad de elección.

Lily ¡No entiendo! Me podría aclarar, por favor.

Responsabilidad La llave es aceptar que tú no tienes ningún control de cómo las personas responden a sus circunstancias. El único control que tienes es el de cómo respondes a las tuyas.

Lily ¿Me puede dar un ejemplo?

Responsabilidad ¡Claro que puedo! Laura llevaba un gran peso encima porque sentía que estaba obligada a hacer feliz a su madre. Mildred, era una persona difícil de agradar. Era una de esas personas altaneras que creen saberlo todo. Laura se pasaba la vida en vano, tratando de ganarse su aprobación. Mildred, se imponía; dictándole todo lo que debía hacer, decir o pensar. Por favor no me mal intérpretes, ella estaba siempre disponible para su hija, siempre y cuando se comportara tal y como ella quería que lo hiciera. Me daba pena esta chica porque cuando Mildred se enojaba—lo cual era bastante frecuente—la rabieta le duraba por varios días con la clara intención de mantenerla bajo su control y causarle culpa. Como te repito, a mí me daba mucha pena. Era una jovencita tan cariñosa que amaba a su mamá, pero el comportamiento de Mildred dejaba mucho que desear. «Laura, tienes que liberarte de esa manipulación que tu madre ejerce sobre ti. Querida, no es tu función hacerla feliz. Tú no puedes. La felicidad está dentro de cada quien y es decisión de ella encontrarla. No puedes descubrirla por ella, no tienes ese poder, ese es un trabajo interno que solo Mildred puede emprender». Laura se me quedó viendo con lágrimas en los ojos. «Lo sé», me dijo, «pero es tan difícil». La sostuve entre mis brazos. «Tendrás que empezar en algún momento», le dije. «Mientras la sigas apoyando en sus debilidades, no la estás ayudando a crecer. Entiende de una vez que no es tu obligación ayudar a otros a encontrar la luz, pero sí es tu deber encontrar la luz para ti misma para que después, la puedas compartir con los demás».

Tony

Lily estaba muy atenta.

Lily pensó

Puedo entender perfectamente. He estado en el lugar de Laura—tratando de complacer a medio mundo.

Responsabilidad

Déjame compartir otro caso. Josefina creía que tenía que vivir de acuerdo a las expectativas que otros tenían de ella. Pensaba que, si no se comportaba de cierta manera, no sería aceptada y querida. Tenía una hija; Alicia, quien no había podido hacer mayor cosa en su vida. Josefina se sentía responsable por las decisiones que Alicia había tomado. Se sentía culpable si no contribuía para proveer las necesidades de Alicia. «Eso es lo que una buena madre debe de hacer», se repetía constantemente. «Sí hubiera hecho esto o aquello, las cosas serian diferentes». Al creer que el bienestar de Alicia era obligación suya, Josefina pasaba días bajo estrés y ansiedad, pensando que ella debía de solucionarle la vida, protegerla y ser la fuente de su felicidad. También pensaba que era responsable de remediar los problemas de muchas otras personas para que fueran felices (un patrón de vida que sostenía para combatir la culpa).

En una de nuestras múltiples conversaciones le dije, «Josefina, debes liberarte de esas expectativas que te impones y que le impones a los demás. Escucha bien, no puedes seguir viviendo tu vida tratando de complacer a toda la gente». Traté de explicarle que tenía que aprender a despojarse de esas falsas creencias que no le reflejaban la verdad, sino más bien, la mantenían esclava. El verdadero problema era que Josefina necesitaba la aprobación de los demás.

Tony

Definitivamente, Josefina era una de esas personas que tenían la necesidad de agradar a todo el mundo. Eso lo entiendo muy bien porque una de las cosas que tuve que aprender en mi vida, fue superar mi intensa necesidad de agradar a las personas. No es una lección fácil de aceptar. Sé que nunca podremos ser capaces de complacer a todos todo el tiempo. No es posible hacerlo. Somos tan diferentes unos con los otros. Cada quien tiene distintos puntos de vista y diferentes valores. Aunque a veces aún me cuesta controlar mi deseo de aprobación, mi vida es mucho más fácil cuando me mantengo enfocado en el hecho de que nunca seré capaz de agradar a todo el mundo. Y me digo a mí mismo: «Está bien, Tony, no todos tenemos que estar de acuerdo..., lo que debemos de hacer es respetar mutuamente la individualidad de cada quien». Viéndolo desde ese punto de vista, me ayuda a no reaccionar con hostilidad cuando alguien no está de acuerdo con mis opiniones o ideas. El haberme dado cuenta de que mi bienestar y paz interior no dependen de la aprobación de nadie, más que de la mía propia, me ha dado una sensación de libertad.

Lily estaba escuchando con mucha atención.

Lily pensó

Me puedo comparar con Josefina de muchas maneras...

Tony

Hubo muchos momentos en los que Lily se encontró tratando de complacer a los demás.

Lily pensó

Estoy cansada..., quiero liberarme de esa cadena.

Tony

Había alcanzado un punto en su vida donde deseaba vivir intensamente, cuidar de sí misma y darle permiso a los demás para que ellos mismos se cuidaran. Pero pensaba...

Lily pensó

¡Ay, Dios mío!, si hago eso ¿qué pensarán todos de mí? ¡Qué bárbara! ¡Qué egoísta!

Tony	Se dio cuenta que las expectativas que otros tenían de ella le causaban un gran dolor, era demasiada presión. Pero no se percataba de que ella ejercía la misma presión en otros.
Lily pensó	Por favor, alguien que me ayude a liberarme.
Tony	Lily suplicaba desde lo más profundo de su alma.
	En la plenitud del tiempo (cuando los pedazos del rompecabezas de la vida encajan en su lugar), se dará cuenta de que no hay ningún problema cuando una persona desea agradar a otra. El problema está cuando se trata de agradar a alguien por razones de culpa o para ser aceptado, amado o necesitado. Cuando actuamos de esa manera nos ponemos un grillete y nos incapacitamos. Sin embargo, cuando se agrada sin ataduras (sin codependencia), las cosas se perciben de otra manera, porque lo que hacemos, lo hacemos por el placer que nos da..., no para que nos lo agradezcan.
Responsabilidad	Después de un tiempo, Josefina aprendió a aceptar las consecuencias de sus actos y decisiones. Entendió que, aunque había cometido muchos errores con Alicia, el pasado era solo eso..., el pasado. Hizo lo mejor que pudo; bueno o malo. Lo hecho, hecho estaba. Si hubiera sabido hacerlo mejor, lo hubiera hecho mejor. Por lo tanto, aprendió a perdonarse por todos los errores cometidos y empezó una nueva vida, permitiéndole a Alicia recorrer su camino y aprender sus propias lecciones. Por consiguiente, estaba libre para amar a su hija; podría ayudarla sin ningún remordimiento, obligación o culpa. Comprendió que su amada Alicia tenía que usar sus propias alas y volar hacia su propio destino.
Tony	Responsabilidad se quedó en silencio por un breve momento.
Responsabilidad	Lily, ¿estás dispuesta a responder por tus acciones y decisiones? ¿Estás dispuesta a aceptar que tú has contribuido a tu propia desdicha?
Tony	Lily no contestó. Se quedó pensando.

Lily pensó ¿Cómo he contribuido con mi propia infelicidad?

Tony Lily trataba de sopesar si todos esos sentimientos destructivos que había estado almacenando durante años, valían la pena conservarlos. Sin tan solo pudiera soltarlos, quizás el dolor también se iría.

Lily pensó Definitivamente, yo no tengo nada que ver con mi desdicha. Puedo ver dónde y cómo se equivocó Josefina, pero ¿yo? ¡No! ¡No, no, no..., no lo creo!

Tony Responsabilidad la vio fijamente.

Responsabilidad Debo resaltarte lo importante que soy en la búsqueda de la Fuente. Es imperativo que aceptes las consecuencias de tus actos y que dejes de culparte por las decisiones de los demás, ¡déjalo ya! Cada persona tiene libre albedrio. Tú no puedes escoger por nadie más que por ti. Escoge Lily. Escoge cambiar tu vida aceptando que tus pensamientos errados y tus acciones guiadas por el temor, te han hecho actuar equivocadamente. Ten presente que sin mí no podrás avanzar hacia la Fuente. ¡Yo soy el segundo camino!

Lily Si usted es el segundo camino, ¿Cuál es el primero?, preguntó inquisitivamente.

Responsabilidad Disposición es el primer camino. Si no estás dispuesta a aceptar tu propia participación en las circunstancias de tu vida, nunca podrás cambiar (ver las cosas de otra manera).

Tony Descubrí que cuando mis expectativas no resultaban de la manera que quería, le echaba la culpa a los demás. Esta manera de pensar se volvió muy natural en mí ya que me ayudaba a justificar que otros eran los responsables de mis problemas. Me di cuenta de que mi tendencia de culpar a otros por mi ira, frustración, ansiedad y estrés, me mantenía encadenado. En realidad, yo mismo había elegido crear estos sentimientos y emociones, y estaba claro que no podría sentir paz mientras siguiera culpando.

La confianza es el pegamento de la vida, es el principio fundamental que mantiene todas las relaciones.

Stephen R Covey

Tony	Durmió profundamente, hasta que la luz del sol que se filtraba por la ventana, la despertó. Los rayos del sol acariciaban los pétalos de las violetas que estaban a la par de la ventana. Se levantó y se arregló para salir a conocer a otros de los habitantes de la ciudad.
Lily pensó	Me pregunto, ¿qué más podré aprender hoy?
Tony	Al salir por la puerta y sin poner atención, se tropezó con una mujer.
Lily	Disculpe señora, iba distraída.
La señora	No te preocupes, le contestó, mirándola con cierta curiosidad. No recuerdo haberte visto antes. ¿Estás de visita?, preguntó.
Lily	Sí, acabo de llegar y estoy en busca de la Fuente.
La señora	Me alegro por ti, le respondió. En la Fuente habita el agua para calmar la sed del alma. Allí es donde mora la respuesta al misterio de la existencia del hombre. He conocido a otras personas que han venido a esta ciudad en su búsqueda. Algunas han encontrado respuestas que les han ayudado a encaminarse hacia ella. Espero que tú también las encuentres. Me llamo Confianza y estoy muy contenta de que estés aquí. ¡Bienvenida!
Lily	Muchas gracias, Confianza. Mi nombre es Lily.
Confianza	Es un placer conocerte. ¿Te gustaría tomar una taza de café?
Tony	Lily no se sintió amenazada por Confianza, todo lo contrario.
Lily	¡Me encantaría!
Tony	Caminaron hacia las afueras de la ciudad, platicando como que si fueran grandes amigas. Lily se sentía cómoda en compañía de Confianza, que hasta los rayos del sol parecían sonreírle. Entraron a una cafetería donde se respiraba un agradable ambiente y

escogieron sentarse en una mesa en un rincón muy acogedor que estaba a la par de una ventana. Necesitaban un lugar callado para poder conversar. Lily—viendo hacia fuera—casi se perdió en el solemne paisaje que se miraba a través de la ventana. Una hermosa catarata que parecía partir la majestuosa montaña en dos y el agua cayendo como un torrente en el caudaloso río. El sol espiaba detrás de una pared de nubes. Sus rayos se desplegaban y parecían bailar en el agua. A lo lejos se escuchaban las maravillosas notas de un violín. La música llenó la café-tería con El Danubio Azul de Strauss..., y se sintió inmersa en el dulce sonido de la música.

> Verdaderamente, una dulce dosis de música y un bello paisaje pueden calmar un corazón dolido.

Lily	Confianza, he oído hablar de usted.
Confianza	¿Qué has escuchado?
Lily	Que es indispensable en la vida de los seres humanos.
Confianza	Estás en lo correcto. Soy indispensable porque soy quien te concede esa sensación de seguridad y ese sentimiento de certeza que necesitas para enfrentarte con valentía a las situaciones, a las personas y a los retos que se encuentran en el camino. Mi presencia en tu corazón es vital, porque sin mí no estarás completa.
Lily	¿Cómo puedo confiar después de mis experiencias de rechazo y abandono?
Confianza	Sólo puedes verdaderamente confiar cuando te conectas contigo misma y aceptas de que realmente no confías en nadie. En lo que has confiado es en tus propias expectativas de la gente, en los patrones que les has trazado a las personas. En otras palabras, en el ideal que has creado en tu mente de cómo deben ser, en tus propios juicios y opiniones, le explicó. Antes de poder confiar en los seres humanos, tienes que aprender a confiar en la Fuente, de donde fluyen el entendimiento y la sabiduría para poder realizarlo. El año pasado, llegó aquí Edgar. Al igual que tú, también buscaba el vínculo con la Fuente. No confiaba en

nadie. Se sentía solo y atemorizado. Una de las veces que platicamos de ello, le dije, «Edgar, puedo darme cuenta que por ciertas experiencias en tu vida, me has perdido». Se quedó callado, pero con sus ojos reveló un gran dolor. Sentí mucha pena por él, ya que sabía que estaba muy dolido porque le faltaba mi presencia. «Es muy importante que yo sea parte de tu diario vivir. Tienes que aprender a confiar de nuevo. Sin mí, la vida puede hacerte sentir disgustado y abatido. En otras palabras, sin mí, ves la vida a través de los ojos de la amargura, la inseguridad y el miedo». Finalmente, Edgar habló. «Sí, tiene razón, la perdí hace mucho, mucho tiempo». «¿Cómo me perdiste?», le pregunté. «La perdí cuando alguien me mintió y se aprovechó de mí, cuando fui juzgado, criticado, rechazado y engañado».

Edgar me daba pesar. Su corazón le dolía mucho. Para él era muy doloroso pensar en haber confiado en alguien y después haber sido defraudado. «Entiendo cómo te sientes, pero..., ¿te das cuenta que a veces tú le has hecho lo mismo a otras personas?», le dije sin esperar ninguna respuesta. «Si aprendes a confiar de nuevo te sentirás mucho mejor». Edgar me vio y preguntó, «¿Cómo puedo volver a confiar en alguien que me ha herido tan profundamente?». «He allí tu problema. Tú esperas mucho de los demás. Si pones tu fe en las personas, tarde o temprano, te decepcionarán». «¿Por qué?», preguntó. «Porque tus expectativas no son realistas; esperas que tu familia y amigos sean el agua que calme la sed de tu alma y nunca la vas a encontrar allí. ¡Nunca!».

Le vi bajar la mirada y pude detectar una lágrima que se le quería escapar del alma. No lo quería aceptar, pero sabía que él deseaba volver a tenerme, solo que no sabía cómo abrirme la puerta. «Mira», le dije, «puedes confiar nuevamente en las personas, siempre y cuando estés consciente que todos los seres humanos tienen limitaciones, incluyéndote a ti. No esperes que sean como tú quieres que sean. Son como son. Si has tenido alguna diferencia con alguien, necesitas estar dispuesto a resolver contigo mismo el conflicto que te ocasiona interiormente. También es importante que aceptes la parte con la que contribuiste para que la situación se diera como se dio. Ahora, para que otros confíen en ti, debes ser coherente en tu forma de actuar. Si le dices a un amigo, familiar o a alguien más que vas a hacer algo, hazlo o mejor no digas nada. No utilices falsas excusas.

Tony — Confianza vio a Lily fijamente.

Confianza — Lily, ¿te identificas con la historia de Edgar?

Lily — ¡Claro que sí!

Confianza — De ser así, piensa en lo que te acabo de contar, ya que se aplica también a ti.

Tony — Confianza vio el reloj. Debía marcharse.

Confianza — Tengo que irme, fue un placer hablar contigo. Espero volverte a encontrar.

Lily — El placer fue mío. Pero antes de que se vaya, dígame, ¿cómo se puede confiar plenamente? ¿Cómo puede uno perdonar y olvidar?

Confianza — Ya te lo dije, Lily. Cuando logres conectarte con tu interior descubrirás la sabiduría que te ayudará a alcanzar lo que desees.

Lily — Y, ¿cómo puedo conectarme con mi interior?

Confianza — Lleva tiempo. El deseo aumenta poderosamente a medida que te acercas más y más a la realización de que es verdad..., que la Fuente está en ti. En primer lugar, necesitas estar dispuesta a poner en práctica las lecciones que vas aprendiendo en el camino. Es a través de esas lecciones, que encontrarás la sabiduría para identificar la luz interna.

Tony — Confianza se retiró. Lily se quedó meditando sobre la conversación que tuvieron. Se detuvo a pensar y a recordar su pasado. Muchas personas llegaron a su mente: amigos que la habían defraudado, amores que la habían rechazado, maestros que la habían herido verbalmente, personas que se habían burlado de ella y padres que le habían requerido ser diferente—ser mejor. ¡Sintió un dolor intenso en el corazón al recordar! ¡Ay!, cómo le dolía todavía y eso que ya había pasado mucho tiempo. Lily todavía estaba perturbada por las cosas que creía que le habían sucedido. El rechazo y la falta de amor incondicional le habían hecho mucho daño.

> De lo que Lily no se había percatado todavía, era que esas experiencias y los dolorosos resultados, eran precisamente lo que le habían dado el deseo de buscar la Fuente. Algún día, ella se daría cuenta que todo tiene un propósito en la vida y de que solamente cuando el corazón tiene una profunda herida, que el alma busca refugio..., y cuando lo encuentra, descubre un tesoro.

Las palabras de Confianza le resonaban en la mente. «¿Te has dado cuenta de que tú le has hecho lo mismo a otros?». Lily recordó a todas esas personas a las que había herido: amigos defraudados, amores rechazados, maestros agredidos, personas burladas y padres a quienes había requerido ser diferentes—mejores. Confianza tenía toda la razón, ella había hecho lo mismo. Ahora podía verlo claro. También recordó todas esas promesas que había hecho a otros y a ella misma; promesas que no cumplió.

> Cuando me pongo a pensar en el pasado, recuerdo aquel día cuando le dije a alguien muy querido, «¿cómo has podido ser capaz de defraudarme de esta manera cuando yo confiaba tanto en ti?». A medida que mi nivel de entendimiento aumentó, me encontré cuestionando si realmente confiaba en esa persona, y la verdad era que no. Confiaba en el ideal que yo mismo había creado de ella, pero, cuando me di cuenta de que mi opinión estaba errada, no me fue fácil admitir que había cometido un error de juicio. Esperaba que se comportara de acuerdo a mi ideal y a mis expectativas. Pero estaba equivocado; fue más fácil culpar, que juzgar mi criterio.

No tengas sólo piedad de los ciegos y de los tullidos; tenla también de los malvados, que tienen la desdicha de ser inválidos de espíritu.

Epicteto de Frigia

Tony

Lily dejó la cafetería y mientras caminaba, meditaba sobre todo lo que había estado aprendiendo. Por primera vez en su vida ansió la soledad.

> Solamente en la soledad—en el silencio— puede uno empezar a deshacerse de la mala hierba, para dejar que la buena semilla crezca.

Después de un rato de caminar, encontró un bonito parque y sintió deseos de pasear entre los árboles de jacarandas llenos de flores que caían formando una bella alfombra. El día estaba soleado. Notó unos pájaros parados sobre las líneas de la corriente eléctrica. La grama estaba verde y cada rincón de los jardines del parque estaba lleno de hermosas flores. Los rosales de diversos colores florecían por todos lados, dándole una belleza espectacular al lugar. A su derecha estaba un lago cuyas aguas calmadamente arrullaban a los veleros y se respiraba un aire puro.

Se sentó en una de las bancas frente al lago, distraída viendo al cielo, pensando en los vestigios de los incidentes ocasionados y que necesitaba superar. Estaba reflexionando en el pasado y en los errores cometidos, cuando sus pensamientos fueron interrumpidos por el llanto de una mujer que lloraba sobre el hombro de un caballero. Se preguntaba por qué estaría llorando y sin poder resistir la curiosidad se les acercó para ver si podía escuchar algo.

El caballero le sonrió.

El caballero

Está llorando porque se siente triste por ese hombre que está allí..., le dijo, señalando a su izquierda. Lily se volvió y vio a un hombre tirado en el suelo con una botella en la mano.

Tony

La señora que lloraba, se le quedo viendo a Lily y con voz llorosa le dijo:

La señora — Las personas están tan sedientas por el agua de la Fuente, pero muchos no lo saben, y por eso, recurren a esos métodos para llenar el vacío que llevan dentro..., aunque sea sólo temporalmente.

Tony — De tal manera lloraba que Lily no pudo evitar conmoverse.

Lily — ¿Cuál es su nombre?

La señora — Piedad, respondió.

Lily — Encantada de conocerla Piedad, me llamo Lily.

Tony — Piedad se limpió las lágrimas con el ruedo de su vestido, tratando de sonreírle.

Piedad — Perdona mis lágrimas, es que no puedo evitar sentir tristeza por todas esas almas sedientas que no saben cómo encontrar el agua para apagar la sed.

Tony — Nadie se había percatado de un individuo que escuchaba la conversación. Su nombre era Benjamín y era una persona engreída y presumida.

Benjamín — Por momentos yo también me siento solo, pero no estoy en el mismo dilema, dijo, en forma despectiva sobre el hombre tirado en el suelo. Gente débil, eso es lo que son. Se embriagan por el vicio. Merecido se lo tienen.

Tony — Esto me hace recordar a Sam. En una de las tantas platicas que tuvimos, me dijo:

Sam — Tony, nunca juzgues a los alcohólicos ni a los drogadictos. Todos, incluyéndote a ti, son adictos a algo. Personas con fuertes adicciones se sienten solas, sin un lugar donde descansar de las penas que habitan en sus corazones. Esos horribles ogros—alcohol, drogas, comida, el juego—te atrapan de tal manera como que si estuvieras atado a los tentáculos de un pulpo sin tener salida.

Tony — El caballero que acompañaba a Piedad, vio a Benjamín con compasión. «No cabe duda que arrogancia y juicio viven en el corazón de este hombre», pensó, y se dirigió a él con un tono suave y gentil.

El caballero — Entonces, debes de estar muy agradecido de no estar en la misma situación.

Tony — Benjamín no sabía cómo responder a la amabilidad del caballero. Él era un hombre altanero que veía a los demás sobre el hombro, y aunque lo aceptara o no, tenía un corazón resentido y siempre estaba a la defensiva. No estaba familiarizado con este tipo de amabilidad. ¿Cómo podía estarlo? Era crítico y vanidoso.

El caballero — Mi nombre es Humildad. ¿Y el tuyo?

Benjamín — Benjamín, contestó presuntuosamente.

Humildad — Con todo el respeto que te mereces, permíteme decirte que tu forma de ver las cosas es perjudicial, para ti, más que para otros. No condenes a los demás, amigo mío. No tienes idea de lo que está pasando en el corazón de esas personas. No juzgues. Porque lo que juzgas, críticas y repruebas en otros, es lo que juzgas, criticas y repruebas en ti.

Piedad — Sí. Estoy de acuerdo con Humildad. En vez de juzgar y condenar a otros por sus debilidades, cuenta tus bendiciones. Ten compasión por todos aquellos que no han sido tan dichosos como tú. No sabes el sufrimiento y dolor que esas personas llevan dentro y tampoco sabes los motivos que los conducen a hacer lo que hacen. Si lo supieras, podrías comprender y tener un poco más de compasión.

Tony — Para poder entender lo que significa la compasión, tenemos que colocarnos en el lugar de la otra persona y tratar de ver las cosas desde su punto de vista. Cuando nos pongamos en su lugar y visualicemos sus circunstancias como si fueran nuestras, dejaremos de juzgar y empezaremos a apreciar más lo que tenemos en la vida, y como resultado, experimentaremos una sensación de gratitud.

Humildad vio a Benjamín directo a los ojos y le preguntó:

Humildad — Benjamín, ¿te crees perfecto?

Benjamín	No, perfecto no, pero por lo menos, tengo fuerza de voluntad.
Humildad	...Y, ¿sólo porque tienes fuerza de voluntad, te sientes con el derecho de señalar a otros?
Tony	Benjamín no respondió.
Humildad	Mira Benjamín, una de las lecciones más difíciles de la vida es aprender a no juzgar a los demás. Probablemente todo el mundo ha oído la advertencia de que de la misma manera que juzgas, serás juzgado..., por tu propio juez—tú mismo, aunque en estos momentos no seas consciente de ello.
Benjamín	De todas maneras la gente siempre me juzga, así que ¿cuál es la diferencia?, contestó con una sonrisa cínica y con tono sarcástico.
Humildad	La diferencia es mucha. Cuando alguien no juzga a los demás, poco le importa lo que otros digan de él. Allí hay libertad. Pero cuando alguien juzga de la manera como tú lo haces (con condena), se vive pendiente de lo que van a decir a sus espaldas, y créeme, eso ocasiona grandes cadenas. Allí hay esclavitud.
Piedad	¡Sí, eso es cierto!, afirmó Piedad. Pero como ya te lo dije, trata de ver a las personas con más compasión. No todos son tan bienaventurados como tú.
Humildad	Así es. Es fácil juzgar a otros, lo difícil es verte a ti mismo. Pero debes saber que lo que juzgas en otros, está en ti. A decir verdad, es a ti a quién juzgas. Te sugiero, con todo respeto y sin ninguna condena de mi parte, que, en lugar de estar juzgando, busca enmendar tus propias faltas. ¡También las tienes! No creas que eres mejor que los demás sólo porque crees que tienes fuerza de voluntad; eso es solamente una herramienta, pero no te hace mejor que nadie. ¡Apréciala! Sinceramente espero que nunca la pierdas.
	Piedad, es hora de irnos.
Tony	Se despidieron cordialmente de ellos.
	Benjamín se alejó desconcertado y sin decir palabra. Lily se quedó pensando, admitiendo que, en varias

ocasiones, también había caído en el juego de juzgar y condenar a otros.

Comprendió que no tenía ningún derecho de hablar mal de nadie, de atacar sus debilidades o criticar sus defectos. Escuchó a Humildad decir que quien juzga, juzgado será. Lily no deseaba juzgar ni que se le juzgara. Al igual que Benjamín, no era consciente de que el peor juez, era ella misma. Sabía muy bien que tenía su propia cola que pisar y se prometió a sí misma contenerse de juzgar en el futuro.

> Una de las experiencias más frustrantes de mi vida, es cuando me hace falta comprensión en cuanto a la conducta y a las decisiones de algunas personas. La tentación de criticar es muy fuerte. Algunas veces me molesta lo que me parece ser un comportamiento ilógico o irracional. Pero me estoy dando cuenta que soy yo quien casi siempre está actuando irracionalmente. Es absurdo esperar que los demás sean y actúen de la manera que creo que deben hacerlo. La gente comete locuras. Yo también. ¡Todos lo hacemos! De la manera como veo las cosas hoy, soy yo quien debe cambiar. Tengo que aprender a no molestarme por la conducta y las decisiones de otras personas. Al fin de cuentas, no es de mi incumbencia.

La paz es una joya tan preciosa que verdaderamente daría lo que fuera por ella, excepto la verdad.

Matthew Henry

Tony

El sol de la mañana empezaba a esconderse en el horizonte, dejando a su paso el rastro de un fascinante atardecer. Los rayos dibujaban los más hermosos celajes. Lily estaba extasiada de ver ese maravilloso panorama. Se puso a analizar que nunca antes se había detenido a observar la majestuosidad que la naturaleza tiene que ofrecer a todos aquellos que desean verla. Los colores de los celajes daban la apariencia de estar entrelazados y unidos sin fronteras.

Lily pensó	¡Qué bella creación!
Tony	Se quedó en silencio, atenta y encantada con la solemne vista. Por un momento se olvidó de su tristeza y se quedó parada en absoluta fascinación. Una anciana la observaba. Lily sintió la penetrante mirada y se volvió para ver quién la veía. Cuando sus ojos se encontraron, sintió un especial magnetismo. Había algo distinto en ella. Se veía tan serena, como que si no tuviera ninguna pena ni preocupación. Estaba serenamente sentada en la banca, solamente observándola. Lily se le acercó y se paró frente a ella. La anciana la seguía viendo fijamente con ojos llenos de amor. «¿Se te ofrece algo?», le preguntó.
Lily	Es, que..., dijo Lily titubeando. Sólo deseo conocerla. Hay algo en usted, no sé qué es, pero me siento tan a gusto en su presencia. Perdone mi atrevimiento, pero la verdad es que usted me intriga. ¿Quién es?
La anciana	Me llamo Paz, le respondió.
Lily	¿Dónde vive, Paz?
Paz	En la Fuente.
Tony	Lily no lo podía ni creer.
Lily	¿En la Fuente ha dicho?, gritó emocionada.
Paz	Sí, en la Fuente.
Lily	¡Ay, Paz! Vengo desde muy lejos buscando la Fuente. ¿Me puede decir dónde está?
Paz	Sí, querida. La Fuente está dentro de ti.
Lily	¿Dentro de mí? ¡No le entiendo!
Paz	Todos la llevan dentro, pero la mayoría no se dan cuenta. La gente está sedienta pero no sabe cómo abrir la llave para dejar correr el agua. Es sólo falta de conocimiento y de visión (ignorancia). Pero si realmente deseas encontrarla, la encontrarás. Es sólo cuestión de tiempo y disposición. La encontrarás. Te lo prometo.
Lily	¿Cómo sabe que la voy a encontrar?

Paz	Porque la misma Fuente ha puesto ese deseo en tu corazón para llenarte con el deseo de buscarla. Cuando la descubras dentro, viviré en ti. Ya debo irme.
Tony	Se levantó y empezó a caminar alejándose de la banca.
Lily	Espere, espere un momento. ¿Podría venir a vivir en mí ahora? ¿Por favoooor?, suplicó.
Tony	Paz se volvió a verla.
Paz	Querida, le dijo, sintiendo una gran pena por ella. No puedo todavía, pero eventualmente, lo haré. Primero, necesitas aprender a perdonar, a confiar y a ser gentil contigo y con los demás. De lo contrario, no puedo vivir en tu corazón.
Lily	¿Por qué no? Eso es mucho pedir.
Paz	Porque le das cabida en tu corazón a ladrones que te roban de mi presencia. Nunca podrás sentirme mientras continúes dándole abrigo a pensamientos que le dan vida a emociones destructivas como el resentimiento, el rencor, la ira y la culpa, ya sea contra ti o contra alguien más. Te diré otra cosa, la mayoría de las personas no viven la vida a plenitud.
Lily	...Y, ¿por qué cree que es así?
Paz	Porque la gente tiene mucho miedo. Las personas van caminando por la vida como que si estuvieran muertas (el temor las paraliza). ¿Te das cuenta de cuán corta es la vida? Puede terminar en el momento menos esperado. Por lo mismo, acuérdate de ponerle entusiasmo a todo lo que haces. Es tiempo de vivir, entonces..., vive, y cuando sea tiempo de morir..., muere.
Lily pensó	Esa es precisamente la razón por la cual estoy buscando la Fuente, para poder empezar a vivir.
Paz	Entrega más de ti. Cuando das, también recibes. Recuerda que cosechas en la medida que siembras. Escúchame bien. Cuando das libremente (sin ataduras y sin esperar nada a cambio), experimentas

tranquilidad, y como consecuencia, permites mi presencia en tu corazón.

Tony — Paz acarició cariñosamente la espalda de Lily y sonrió con ternura.

Paz — No te desalientes. Continúa tu camino. Sigue los dictados de tu corazón. Aprende las lecciones y ponlas en práctica. Escucha. Escucha. Escucha..., y acepta en tu diario vivir a Perdón y a Responsabilidad. Si lo haces, encontraras el sendero. ¡Te lo prometo!

Tony — Paz se alejó. Lily se quedó más sedienta que nunca. Supo que era necesario encontrar la Fuente cuanto antes. Paz dijo que vive allí. Supo que la necesitaba para vivir bien. Ahora que había tenido la oportunidad de conocerla, tenía la determinación de poseerla.

> Me vienen a la mente esos días cuando continuamente posponía la presencia de Paz en mi vida. No lo hacía a propósito. Sólo que pensaba (como lo hacemos casi todos), que estaría tranquilo y satisfecho cuando alcanzara todo lo que quería. Mientras tanto, mi vida seguía pasando y Paz no era parte de ella. Entró en mi corazón cuando estuve dispuesto a hacer las paces con el mundo y dejar de luchar contra la corriente natural de la vida (el momento presente). Mientras siguiera queriendo cambiar las cosas que no podía cambiar, mantenía a Paz alejada de mí. Pero hoy sé que, para vivir una vida plena, el cambio tiene que empezar dentro de mí. Nadie puede proveérmela. Solamente yo puedo alcanzarla a medida que voy acercándome a la Fuente, donde se encuentran todas las cosas que el alma necesita para crecer en consciencia.

Es mejor haber amado y perdido,
que nunca haber amado del todo.

Alfred Lord Tennyson

Tony — Lily se sentó en la banca, absorta con el bello atardecer. La quietud del momento llenaba su alma de tranquilidad. Se levantó y caminó hacia la orilla del cañón desde donde se apreciaba un hermoso panorama. Los autos subían hacia la cima a lo largo del curvado camino lleno de enormes rocas color marrón. En la atmósfera se sentía un místico silencio.

Pasó varias horas disfrutando de los maravillosos alrededores. Su imaginación se movía como una montaña rusa mientras trataba de descifrar las increíbles formaciones de las rocas. Conforme empezó a anochecer, el cielo se veía tan claro que las estrellas parecían fuegos artificiales congelados en su lugar en el cielo. Venus, la estrella del norte, era la que más brillaba y una luna llena anaranjada iluminaba la tierra. Lily se dirigió a un restaurante cercano para cenar. Soplaba un suave viento. Se sentó en una de las mesas de afuera para dejar que la brisa acariciara su cara. Notó a un distinguido caballero, le llamó la atención lo bien vestido que estaba. Qué guapo se veía, guapísimo. El caballero le sonrió con gran carisma. Lily no podía explicarse lo que sintió ante su presencia. El caballero se le acercó.

El caballero — Buenas noches, señorita, le dijo. Mi nombre es Amor.

Tony — Cuando Lily escuchó su nombre se hizo para atrás.

Lily pensó — ¿Dijo que se llama Amor? ¿Será el mismo amor que me ha estado evadiendo toda la vida?

Amor — ¿Qué te trae por aquí?

Lily — La Fuente, contestó bruscamente. Estoy buscando la Fuente.

Lily pensó — Seguro que a usted ni siquiera le importa.

Amor — ¿Me podría sentar contigo?

Lily pensó — Ten cuidado, el amor duele muchísimo. ¿Recuerdas tu dolor? Él lo causó.

Lily — Sinceramente, preferiría que se sentara en otro lugar.

Amor — ¿Tienes miedo de mí?

Tony — Lily no supo qué responder. Amor hizo caso omiso y se sentó a la par de ella.

Lily pensó	Sé fuerte, no caigas en sus redes porque te volverá a herir si te entregas a él.
Lily	No, no me asusta. Pero no quiero nada que ver con usted.
Amor	¿Te podría preguntar por qué no?
Lily	¡Usted me hirió!, le expresó bastante irritada.
Tony	Amor se le quedó viendo con una mirada tan bella, que su corazón se ablandó. No quería admitirlo, pero se sentía dichosa en su presencia; el sentimiento que él irradiaba era maravilloso.
Amor	¿Por qué estás buscando la Fuente?
Lily	Bueno..., pue..., pues porque estoy muy cansada de sentirme vacía.
Lily pensó	..., de correr tras usted.
Lily	Mi alma está demasiado hambrienta y sé que existe un lugar especial al cual pertenezco. Estoy segura de que sólo el agua de la Fuente podrá llenar el vacío de mi alma.
Amor	¿Qué significa para ti encontrar la Fuente?
Lily	Significa encontrar sabiduría y conocimiento; ya que los necesito para entender mejor la vida y deshacerme de estas barreras contra las que he chocado por tanto tiempo y que me han causado dolor y tristeza.
Tony	Amor tomó la mano de Lily entre las suyas y la acarició.
Amor	La Fuente está dentro de ti.
Lily	Sí, eso mismo dijo Paz. También dijo que ella habita allí.
Amor	Así es, al igual que yo.
Lily	¿Usted también? No, no lo creo.
Amor	Sí. Yo también.
Tony	Lily estaba ciega. No podía creer que Amor viviera en su corazón, porque nunca lo había experimentado, es decir, no había sentido su

incondicionalidad. Damas y caballeros, creo que todo lo que les seres humanos necesitamos para ser felices, es la experiencia de ese incondicional afecto.

Lily — Pero Amor, sí usted y Paz viven en la Fuente, y ella está en mí, ¿por qué me siento tan vacía, tan miserable y aturdida? ¿Por qué me ha eludido?

Amor — Yo nunca te he eludido. Lo que pasa es que me has buscado en los lugares equivocados.

Lily pensó — ¿En los lugares equivocados? ¡Cómo no!

Lily — ¿Qué quiere decir con «los lugares equivocados?».

Amor — Has estado esperando que me manifieste a través de una persona especial a quien la has considerado tu alma gemela o a través de la familia y los amigos. Ellos solamente son los canales del amor, pero no el origen del mismo.

Lily — Entonces, ¿dónde está el manantial del amor?

Amor — La Fuente es el manantial. Te sientes miserable porque no has aprendido a escuchar su voz—tu verdadera voz. Te hacen falta Perdón, Responsabilidad, Humildad, Piedad, Confianza y Paz en tu corazón. Necesitas aprender a escuchar el susurro de esa voz que habita en tu interior y que te revelará la verdad.

Lily — ..., y entonces, ¿por qué otras personas sí lo encuentran en sus vidas a través de esos canales? Yo ni siquiera tengo eso, replicó con amargura.

Amor — Sí lo tienes, tienes mucho de mí en tu vida.

Lily — No, eso no es verdad, respondió con los ojos llenos de lágrimas.

Tony — El recordar su soledad casi le hace romper en llanto y definitivamente no quería ponerse a llorar en frente de Amor.

Lily pensó — Necesito terminar esta conversación ..., me está ocasionado tristes recuerdos.

Tony — Amor sabía que algo dentro de ella (la codependencia) le obstruía el camino para sentir su presencia.

Amor ¿Estás hablando del amor romántico, Lily?

Lily Pues..., sí, le contestó, mordiéndose el labio para no llorar. Todos necesitamos a alguien especial para amar y que nos ame.

Amor Ah, ahora sí que estamos llegando al fondo de las cosas, le dijo Amor con una encantadora sonrisa. Lo que las personas necesitan es que yo habite en sus corazones. El mundo y la sociedad te han hecho creer que solo puedes ser feliz y sentirte completa si tienes a alguien especial en tu vida que te ame. Eso es un malentendido.

Si estas dependiendo de otra persona para que te haga feliz y estar en paz, tarde o temprano te decepcionarás. A medida que tus ilusiones acerca de mí empiecen a derrumbarse, te darás cuenta de que la compañía de otra persona no elimina la soledad, ella desaparece conmigo cuando me permites emanar. Muy pocos están abiertos a recibirme, aunque estoy disponible para todos. Tú buscas una experiencia romántica porque crees que un romance te llenará el vacío..., y lo hará, hasta cierto punto. Pero yo soy el Amor que tu corazón desea, y sólo puedes encontrarme dentro de ti. El día vendrá en que despertarás. Entonces serás dichosa. Me sentirás con tanta abundancia, que me he de desbordar en ti. Cuando ese momento llegue tu corazón estará tan lleno y satisfecho que verás el pasado y te darás cuenta de que, si tuvieras que volver a experimentar el dolor una vez más para poder encontrarte conmigo, lo harías. Eso te lo aseguro.

Lily pensó De ninguna manera volvería a experimentar ese dolor. ¿A quién está tratando de engañar?

Amor Hay un momento para cada cosa y cada quien debe experimentar su propio despertar. Tú estás llegando al tuyo.

Tony Amor podía ver todos los sentimientos dañinos que habitaban en el corazón de ella. Eran enemigos muy poderosos cuya misión era evitar que Paz y Amor habitaran en su alma. Lily, necesitaba saber esto y entenderlo, y así lo haría—a su debido tiempo.

Amor — Cuando aprendas abrirle la puerta de tu corazón a Perdón, a Responsabilidad y a Confianza, experimentaras mi presencia y también la presencia de Paz. Mira, nosotros ya vivimos en tu corazón, porque allí es donde está la Fuente y somos parte de ella, pero todas las falsas creencias a las que te aferras, te impiden experimentarnos.

Lily — Ya veo..., pero tengo una pregunta. ¿Cómo puedo aprender a abrir la puerta de mi corazón a Perdón?

Amor — Por un lado, debes aceptar que tu manera de pensar contribuye a los resultados de tu vida. Responsabilidad es uno de los caminos más importantes para alcanzar la Fuente.

Lily — Pero, ¿cómo puede decir que la Fuente vive en mí? ¡No entiendo! Si fuera así, no la estaría buscando. ¿Podría explicarme eso?

Amor — Por supuesto. La Fuente vive en el centro de tu corazón, pero la has enterrado bajo capas y capas llenas de pensamientos llenos de miedo, inseguridad, rencor, resentimiento, orgullo, arrogancia, culpa y muchos otros más. Las ambiciones te han cegado y te han hecho indiferente a las necesidades de las personas que están a tu alrededor y que son parte de tu vida.

Antes de que puedas sentir la presencia de la Fuente, antes de que puedas calmar tu sed, necesitas darte cuenta de que las creencias, pensamientos, sentimientos e imperfecciones que crees tener, te separan de ella. Tienes que estar dispuesta a elegir cambiar—a verlo de otra manera y dejarla emerger.

Sólo cuando camines la senda que se ha puesto frente a ti, viendo con los ojos del alma, que las vivencias—buenas o malas—son tus lecciones, te darás cuenta que ellas son precisamente las que habrán de dotarte con la sabiduría necesaria para poder aprender a ver y entender.

Lily — ¿Sabiduría para ver y entender qué?

Amor — De lo qué se trata la Fuente.

Tony — Amor la vio con sus ojos llenos de dulzura.

Amor — En este momento, durante tu búsqueda, estas asistiendo a la Universidad del Espíritu. Algún día obtendrás tu Maestría en Sabiduría. Sabiduría te ayudará a conectarte con la Fuente. Cuando aprendas y entiendas que vive dentro de ti, descubrirás que ella, tú, y yo..., somos Uno. Pon en práctica las sugerencias que se te han dado durante el camino. Todo se va dando un paso a la vez. No apresures las cosas. Llegarás allí en el momento indicado para ti, pero date cuenta que ya estás en el camino a la liberación. Debo irme ya...

Tony — Amor se levantó. La abrazó fuerte y tiernamente. Lily deseó que ese momento durara para siempre.

Lily pensó — No te vayas por favor. Quédate conmigo.

Tony — Amor la vio intensamente, con tanta ternura y afecto, que ella no pudo contener las lágrimas. Él solo sonrió y le susurró:

Amor — La Fuente está dentro de ti y nunca se separará de tu lado. Lo que pasa es que no estás consciente de su presencia. Pero lo estarás, porque la deseas con todo tu corazón. Ese deseo te llevará a un nivel más alto de experiencia y revelación (a una consciencia más elevada) porque en tu alma hay una sed insaciable por el agua que emana de ella.

Tony — Amor empezó a alejarse y se volvió para verla una vez más. Le sonrió cálidamente con un magnetismo singular. La amaba tanto, de la misma manera que amaba a todos. Lily estaba triste de verlo ir y notó algo especial en sus ojos, algo peculiar—pero no pudo descifrar lo que era.

Los ojos de Amor le decían:

Amor — Cuando estés lista comprenderás. No te enredes en las cosas mundanas porque son breves y pasajeras. Soy quien gobierna el mundo espiritual. Sin mí, no tienes nada (nada que dure). Volverás a mí, querida mía—en la plenitud del tiempo.

Tony — Lily se volvió a quedar sola. Y desde lo más profundo de su alma, lloró. Le parecía que iba a ser tan difícil confiar y perdonar. No estaba lista para aceptar a Responsabilidad. Toda su vida había vivido culpando a otros por la tristeza y el dolor que sentía. Y ahora se le había dicho que buscara a Sabiduría. ¿Dónde estaba Sabiduría?

Lily pensó

¡Ay, Dios mío! Las cosas del alma no son tarea fácil. Pero ¿Acaso Paz y Amor no lo valen? ¿Acaso no dijeron que viven en la Fuente?

Tony

Me puedo identificar con Lily. Yo tenía el mismo tipo de sed. Cuando me llegó el momento de reconocer la abundancia que Perdón, Piedad, Responsabilidad, Confianza, Humildad, Paz y Amor podían traerle a mi vida (a mi mente); decidí seguir buscando hasta poseer estas joyas. Después de un tiempo, comprendí que es el amor quien hace que valga la pena vivir. Hoy sé que no puedo encontrar su dulzura, si la sigo buscando fuera de mí. Si lo hago, caeré en la ilusión de que otra persona es la Fuente de mi amor. El verdadero amor no necesita de otras personas para conocerlo. Vive en nuestros corazones. Lo experimentamos al grado en que permitimos que fluya. Me estaba ahogando en lo que la sociedad llama amor, me sentí solo y desubicado porque no podía cumplir con lo que esperaban de mí. Ahora entiendo que lo que nuestra cultura llama amor, no es amor.

En una oportunidad me pregunté, ¿cómo puede llamarse amor a la necesidad de poseer a otra persona? Eso suena más a control, manipulación y codependencia, y eso ciertamente, no es amor. Donde hay amor no hay exigencias o expectativas—no hay dependencia. El amor significa libertad. El verdadero amor—el que no tiene ataduras—nos permite la libertad de amar y ser amados. El verdadero amor nace de adentro para afuera y no de afuera para adentro.

La pasión de dominar es la más terrible de todas las enfermedades del espíritu humano.

Voltaire

Tony

Lily había adquirido mucha información en la Ciudad del Conocimiento—hechos y pedazos de sabiduría para ayudarla a quitarse de encima la manta gris de dolor y tristeza que le cubría el alma. Estaba ansiosa por continuar su viaje y seguir aprendiendo.

Ahora, la pregunta era: ¿Aplicaría Lily lo aprendido? ¿Estaría dispuesta a actuar y dejar de sentir lástima por ella misma?

Sugiero que todos consideremos seriamente lo que Responsabilidad dijo: «Sin disposición es imposible elegir cambiar y hacer una diferencia en nuestras vidas».

Se fue a la estación para tomar el siguiente tren. Se sentó a la par de la ventana sin siquiera saber su destino, solo esperaba llegar a la ciudad donde pudiera encontrar a Sabiduría. Durante su camino pensó en los sabios amigos que había conocido en esta ciudad y reparó en sus enseñanzas.

Lily pensó

Perdón me dijo que mientras no esté dispuesta a perdonar, me estoy castigando a mí misma más de lo que castigo a otros. No me había dado cuenta de eso, pero ahora empiezo a ver que tiene razón.

Responsabilidad me explicó que sin ella no podré caminar hacia la Fuente. No avanzaré mientras siga creyendo que otra persona es responsable de lo que me pasa.

Confianza me habló acerca de lo esencial de su presencia para poder disfrutar de una sensación de certeza.

El consejo que Piedad le dio a Benjamín fue el de ver a las personas con compasión. «No todos son tan afortunados como tú», le había dicho.

Humildad pidió abstenernos de juzgar y criticar a otros porque con la misma vara que juzguemos y critiquemos se nos juzgará y criticará ¡Ay! Ésta sí que es una lección difícil de aprender. La mantendré en mente porque deseo dejar de juzgar y que me juzguen.

Paz dijo que la Fuente vive en el interior de los seres humanos y que mientras alberguemos la creencia de que estamos llenos de defectos y nos critiquemos a nosotros mismos por ellos, no podremos experimentar su presencia. Eso es más que seguro. Buscaré la manera de encontrarla. ¡Voy a encontrarla! ¡Tengo que hacerlo!

Amor me explicó que necesito aprender a escuchar la dulce y suave voz de la verdad. Me aconsejó encontrar a Sabiduría. Ella me ayudará a unirme con la Fuente. Amor dijo que él también vive allí y que la Fuente vive en mí, pero que todavía no estoy consciente de su presencia. Pero lo más importante de todo es que nunca me ha eludido y que está esperando que lo acepte para poder llenarme. ¡Ojalá! Espero que así sea.

Tony

Lily no estaba bromeando con respecto a su deseo de encontrar a Sabiduría. Estaba dispuesta a seguir las sugerencias de estos sabios amigos. Cerró los ojos y vio dentro de su ser y dio un buen vistazo a su vida. Se dio la oportunidad de ser honesta y pudo ver que, si, que ella había contribuido al pesar que sentía.

Lily pensó

Responsabilidad tiene razón. He hecho un desastre de mi vida y estoy dispuesta a aceptarlo. Ya es suficiente. Ya es hora de dejar de culpar a otros por mi falta de felicidad.

Tony

Pensó en las malas relaciones con algunas personas. Su falta de visión espiritual le había hecho reaccionar de manera violenta. Varias veces se había ahogado en un vaso de agua, queriendo controlar todo y enfocándose en los aspectos negativos de su vida, ocasionándose así misma un gran dolor. Para su sorpresa, se dio cuenta de que se sentía más liviana. Cuando aceptó la responsabilidad por los resultados en su vida, Paz se apoderó de ella. Sintió que una carga pesada se removía de sus hombros. Se le había quitado un gran peso de encima y el velo que tapaba sus ojos parecía estarse soltando. No pudo evitar sonreír.

Creo que Lily ha empezado a descubrir el tesoro escondido cuando pudo ver que sí aceptaba responsabilidad por las circunstancias de su vida, podría deshacerse de todos esos sentimientos que la mantenían encarcelada. Mientras sigamos dándole cabida en nuestras mentes a esas emociones, viviremos oprimidos bajo su dominio, haciéndonos sentir desdichados y miserables. Lo sé, he experimentado en carne propia lo que significa vivir bajo el dominio de la amargura y de la inconformidad. Quizás ustedes también lo sepan. Todos experimentamos esas emociones en algún momento u otro.

Señoras y señores, aprender a aceptar responsabilidad por nuestros actos es uno de los más grandes tesoros que podemos encontrar en el camino, porque la responsabilidad nos ayuda a liberarnos de muchas cargas.

Capítulo Tres: La Ciudad de la Tentación

Hay dos tipos de libertad–la falsa, en donde el hombre es libre de hacer lo que quiere; y la verdadera, en donde el hombre es libre de hacer lo que debe.

Charles Kingsley

Tony

Lily dejo salir un profundo suspiro. Empezaba a disfrutar una nueva sensación de alivio. Finalmente estaba experimentando libertad. Pensó en todas esas oportunidades cuando la ira le había ganado la batalla. Qué sentimiento tan devastador es la ira. Había habitado en su mente por tanto tiempo, haciéndola tan desdichada y dañándola profundamente. ¡Tan profundamente!

Estaba muy agradecida de haber encontrado una manera de comenzar a eliminar la ira y el resentimiento. Sabía que no sería fácil, pero que valdría la pena. Había encontrado un camino para liberarse de esa influencia destructiva que estas emociones ejercían sobre ella. Reconoció que tenía la oportunidad de elegir hacer algo diferente.

Había pasado varios meses en la Ciudad del Conocimiento. El verano quedó atrás cediéndole su lugar a un hermoso otoño. Miraba el camino a través de la ventana observando los colores tan brillantes de los árboles, cuyas hojas cambiaban de colores en tonos; rojo, ámbar y amarillo. Era una hermosa vista. Las ramas parecían estar bailando al ritmo de la sinfonía que dejaba el viento. Los pájaros volaban juntos, uno detrás del otro en total armonía en su migración al sur. El río que corría a lo largo del trayecto la acompañaba y a lo lejos se deslumbraban las montañas que parecían sonreírle, invitándola a disfrutar de su belleza. El tren frenó sacándola de sus pensamientos. Había llegado al siguiente destino.

Ya había anochecido. Tomó su equipaje y caminó a la salida. Se fijó en el rótulo que brillaba en la parte de arriba de la puerta de la estación. BIENVENIDO A LA CIUDAD DE LA TENTACIÓN. Con una irresistible sonrisa, un personaje muy atractivo daba la bienvenida a los pasajeros.

El personaje — Buenas noches señorita, bienvenida a la Ciudad de la Tentación. Soy el director, y este lugar lleva mi nombre.

Lily — Mucho gusto, le contestó, sin poder quitarle los ojos de encima. Había algo en él—algo que la atraía como un imán. Su fascinante sonrisa la seducía. Lily trató de disimular la emoción que sentía en su presencia.

Tentación, ¿sabe dónde puedo encontrar a Sabiduría?

Tony — Con los ojos entrecerrados, Tentación le repitió...

Tentación — ¿A Sabiduría, dijiste?

Lily — Sí, he venido desde muy lejos buscándola. Me dijeron que tal vez la puedo encontrar aquí.

Tentación — Y, ¿por qué estás buscándola?

Lily — Ay, Tentación, ¡tengo un alma sedienta! Sé que Sabiduría puede ayudarme a ponerme en contacto con la Fuente donde está el agua para calmar la sed de mi espíritu.

Tony — Tentación soltó una gran carcajada y con los ojos llenos de lágrimas de la risa, le puso un brazo sobre los hombros.

Tentación — Señorita, has venido al lugar preciso. Me parece que tu alma esta sedienta de los placeres mundanos. Si te quedas aquí conmigo, estarás en muy buena compañía.

Lily — ¿Qué quiere decir con eso?

Tentación — Mira, en esta ciudad, conocerás a varios de mis más distinguidos invitados. Ellos estarán contentos de ayudarte apagar tu sed. ¡Te lo prometo!, le dijo con una sonrisa difícil de resistir.

Lily	¿Es eso cierto?
Tentación	Sí, señorita, así es. Y te garantizo que aquí tendrás momentos que te ayudaran a olvidar tu pena.
Lily	Pues entonces, muchas gracias Tentación. Estoy ansiosa por conocerlos.
Tony	Al salir por la puerta, Tentación le guiñó un ojo al despedirse. La ciudad brillaba con luces de neón que centellaban por todos lados y que prometían a sus habitantes y visitantes pasar agradables momentos.
	Estaba cansada y necesitaba dormir. Entró en el primer hotel que encontró. En la recepción estaba una señora quien, a pesar de verse amable y gentil, también se miraba bastante seria.
La señora	Buenas noches, le dijo, con un tono suave de voz, pero firme a un mismo tiempo. Mi nombre es Conciencia. ¿En que la puedo servir?
Lily	Gracias Conciencia, mi nombre es Lily y quisiera una habitación, por favor.
Conciencia	Claro que sí. ¿Por cuántas noches?
Lily	No estoy segura. Estoy buscando a Sabiduría, pero no sé cuánto tiempo me tome encontrarla. Por cierto, ¿de casualidad sabe dónde está?
Tony	Conciencia la vio seriamente y sin parpadear, le dijo:
Conciencia	¡Aquí no! ¡No está en la Ciudad de la Tentación!
Lily	¿Por qué no?
Conciencia	Porque Sabiduría no vive en esta ciudad.
Lily	Y, ¿dónde vive, entonces?
Conciencia	Vive en la Ciudad del Espíritu.
Lily	Y, ¿dónde queda eso?
Conciencia	En el lado opuesto.
Lily	¿Queda muy lejos?
Conciencia	¡Ay, sí! Queda completamente del otro lado de la montaña.
Lily	¿Podría decirme cómo llegar allí?

Conciencia	Sí. Pero antes de poder ir, tienes que pasar por esta ciudad.
Lily	Y, ¿por qué?
Conciencia	Porque tendrás que tomar una decisión.
Lily	¡No le entiendo!
Conciencia	¡Lo sé! Pero pronto entenderás.
Tony	La Ciudad de la Tentación era muy grande. La mayoría de los invitados se perdían en ella. En esta ciudad había muchísimos placeres. Este lugar ofrecía deliciosos manjares, la mayoría de los visitantes decidía quedarse. Había mucho placer para algunos y mucho dolor para otros. Es por eso que Conciencia dijo que Lily tendría que tomar una decisión. Tendría que decidir si el alimento que la Ciudad de la Tentación ofrecía, era suficiente para apagar la sed de su alma. Esa era una decisión que sólo ella podía tomar.

Nadie aceptaría basura en su mesa, pero muchos aceptan que se les sirva dentro de sus mentes.

Fulton J. Sheen

Tony	Se levantó temprano. Tomó un baño caliente mientras planeaba su día. Estaba dispuesta a ir a la ciudad y explorarla. Se arregló, tomó su bolso y bajó las escaleras tarareando una melodía. Tomó el bus para llegar al centro de la ciudad y la ruta la llevó a lo largo de la costa. El paisaje era fenomenal. Del lado derecho, observó las olas del mar que se desprendían del centro del océano como un torrente para terminar estrellándose contra las rocas en la playa. Del lado izquierdo, se veían los árboles cambiando de colores y algunos ya habían perdido sus hojas. Continuaba observando en el horizonte el océano que parecía convertirse en uno con el cielo. En la playa se veían jóvenes que se preparaban para bucear en las profundidades del mar, emocionados de lo que pudieran descubrir.

Permítanme comparar algo con ustedes. Hace varios años, Sam, mi mentor, me dijo:

Sam — Tony, si quieres descubrir lo que habita en el centro de la Fuente, necesitas estar dispuesto a sumergirte y llegar al fondo de sus aguas para descubrir lo que ofrece.

El bus llegó al centro de la ciudad. Se bajó y caminó hacia la Plaza Mayor exclusiva para los peatones. Tentación estaba parado bajo la sombra de un árbol, conversando con alguien que parecía ser un buen amigo. Lily se puso nerviosa. Tentación se percató de ella y la volvió a ver con una intensa y seductora mirada, luego le sonrió irresistiblemente. Se recordaba de haberla visto en la estación del tren.

Tentación — Buenos días señorita. ¿La estás pasando bien?

Lily — Bueno, pues no mucho todavía. Acabo de llegar.

Tony — Tentación no le quitaba los ojos de encima. Sonreía dejando a la vista aquellos blancos y perfectos dientes. Con los ojos entreabiertos, le preguntó: ¿Cuál es tu nombre?

Lily — Lily.

Tentación — Es un gusto verte de nuevo Lily. Me gustaría presentarte a un buen amigo. Él es Placer.

Lily — Mucho gusto de conocerlo, Placer.

Placer — El honor es mío.

Tony — Tentación vio a Placer.

Tentación — Acompañemos a Lily a conocer la ciudad y brindémosle una estadía maravillosa. Me encantaría que ella decidiera quedarse a vivir aquí para siempre. Tiene el alma sedienta y vacía, ¿me ayudarías a llenársela?

Placer — Claro que sí. Definitivamente puedes contar conmigo.

Tony — Placer era tan encantador como Tentación. Estaba fascinada y cautivada por ambos..., la hacían sentir tan bien. Hasta cierto punto y temporalmente, le llenaban el vacío del alma.

Placer y Tentación trabajaron tiempo extra para mostrarle todo lo que la ciudad le podía ofrecer. Se sintió atraída por ellos y por todo lo que conoció, que se le cruzó por la mente el deseo de quedarse.

> A mí me hicieron lo mismo. Me convertí en un esclavo de sus encantos, dejándome atrapar en sus redes.

Tentación — Ya volvemos, tenemos algunos negocios que atender. Pero por favor siéntete en casa, recuerda que estás en la ciudad de los placeres y la diversión. Esta es tu oportunidad para dejar que los deseos corran libremente. Solo vives una vez. ¡Aprovecha y diviértete todo lo que puedas!

Tony — ¿Se han preguntado alguna vez que, si uno pudiera ser absolutamente libre de hacer lo que uno quiere, uno sería feliz y estaría en paz? Muchos de nosotros estamos buscando libertad absoluta para hacer lo que se nos dé la gana. Queremos estar libres de toda clase de limitaciones y prohibiciones, de alguna manera creyendo que, si podemos hacer lo que queremos, vamos a ser felices y tener paz. Si la felicidad y la paz se encuentran de esa manera, entonces ¿por qué ese sentimiento de soledad en los corazones de aquellos que se entregan y abandonan libremente al placer dejando atrás toda clase de restricciones?

«Ten cuidado», le dijo un caballero parado cerca de ella. Sorprendida, Lily se volvió a verlo.

Lily — ¿Perdone?

El caballero — Ten cuidado, repitió. Si no, te destruirán.

Lily — Lo siento, pero no entiendo de qué está hablando.

El caballero — Permíteme que me presente. Me llamo Autocontrol y he venido a prevenirte.

Lily — Mi nombre es Lily, y no entiendo de qué quiere prevenirme.

Autocontrol	Mira para allá, dijo, señalando hacía el restaurante más cercano. Es hora del almuerzo. Placer y Tentación quieren darle lo mejor de lo mejor a todos sus invitados. ¿Sabes qué significa lo mejor de lo mejor, Lily?
Lily	Supongo que divertirse y deleitarse.
Autocontrol	¿A qué precio?
Lily	No lo sé.
Autocontrol	Déjame mostrarte el precio que la gente paga por esas delicias. Fíjate en las personas que están en el restaurante, especialmente en el que está sentado cerca de la ventana. Su nombre es Mario, él come por compulsión. Es adicto a la comida. Otras personas son adictas al licor, a los cigarros, a las drogas, al sexo, a gastar sin medida, al trabajo. Pero vamos a enfocarnos en Mario.
Tony	Lily observó que Mario estaba bastante pasado de peso. Se dio cuenta de que caminaba hacia el centro del restaurante. Parecía que le costaba moverse, pero, aun así, él iba en dirección a la mesa que exhibía toda clase de deliciosa comida.
Autocontrol	Mario cree que está en el cielo. Le encanta comer. Todo le sabe increíblemente exquisito. Obsérvalo bien. Come y come a más no poder. ¿Sabes por qué hace eso?
Lily	Probablemente porque le encanta comer y se deleita con la comida.
Autocontrol	No, Lily. Una cosa es disfrutar la comida y otra muy diferente es usarla para llenar el vacío del alma. Mario abusa de ella para olvidarse temporalmente de la sed de su alma. ¿Qué crees qué es lo que él necesita?
Lily	¿Qué?
Autocontrol	¡Amor! Mario tiene hambre de amor en su vida. Ven conmigo.
Tony	Entraron en el restaurante en el preciso momento en que Tentación y Placer hablaban con Mario, y lograron escuchar.

Placer	¿Te estás deleitando?
Mario	¡Ay! sí, contestó con la boca llena de comida y metiéndose otro bocado. Está exquisito, declaró mientras las migas de pan caían de su boca.
Tentación	Nos alegramos de haber podido complacerte. Este es sólo uno de los tantos placeres que podemos ofrecer en esta ciudad. Dentro de un rato te presentaremos a Gula, quien te llevará a dar un paseo. Es una buena amiga y se lleva muy bien con la mayoría de los habitantes de esta ciudad. Estamos seguros que también te llevarás bien con ella.
Tony	Autocontrol se quedó viendo fijamente a Lily.
Autocontrol	Gula es excelente engañando a las personas. Les pone las esposas que los encadena y se apodera de su voluntad, convirtiéndose en su ídolo, en una potencia magnética que los gobierna.
Tony	Lily escuchaba atentamente.
	Autocontrol y Lily se sentaron en una mesa frente a Mario. Ella notó que Tentación y Placer estaban sentados a la par de él esperando que se sintiera mejor después de haberse dado semejante atiborrada. Placer hizo un gesto con la mano y llamó a un par de sus buenas amigas a que se acercaran a la mesa.
Placer	Mario, permíteme presentarte a Gula y a Lujuria. Todos trabajamos en equipo para satisfacer a nuestros invitados. Ellas te harán buena compañía mientras estés aquí y te llevarás bien con ambas. ¡Te lo aseguro!
Tony	Lily se les quedó viendo, no eran nada atractivas a la vista. Gula se veía repugnante mirando a Mario con una mirada perversa. Lujuria se veía aún más fea. La saliva le goteaba de la boca llena de dientes torcidos y amarillos. Lily sintió repulsión. Autocontrol parecía perturbado. Para él era muy doloroso ver a Mario en esa situación.
Lily	¿Se siente bien?
Autocontrol	Bueno..., he estado en mejores situaciones, le dijo tristemente.

Lily	¿Qué le pasa?
Autocontrol	¡Mario! El esta cautivado por Tentación, Placer, Gula, y Lujuria. Goza de su presencia porque lo hacen sentir bien por el momento. Mario se rehúsa—está ciego—a admitir que está fuera de control. Estos personajes dominan su mente y voluntad. No puede contra ellos, son tan poderosos que se siente seducido. En esta etapa de su camino, es más fácil satisfacer la sed de su alma, atiborrándose de comida, que buscar el poder y la fuerza de la Fuente para sanar su adicción.
Tony	Autocontrol se quedó en silencio pensando en lo que iba a decir a continuación.
Autocontrol	Mario no está aceptando responsabilidad por sus actos. Si continúa permitiendo que dominen su vida, se lamentará.
Lily	Pero no puede evitarlo. Entiendo perfectamente lo que le está pasando. El control que tienen sobre él es increíblemente fuerte, solo de pensarlo, me asusta.
Autocontrol	Precisamente, y eso es porque él está ignorando la voz interior que le indica que hay una forma de conquistar a los demonios que se han apoderado de su voluntad. Él está razonando, analizando y tratando de justificar su comportamiento para seguir viviendo en esta ciudad. ¡Está enganchado! Su mente le dice que es lo suficientemente fuerte para lidiar con estas seducciones, pero, no lo es. Ellos solamente están aumentando el vacío en su corazón y la sed de su espíritu.
Tony	Lily no dijo nada. En lo profundo de su corazón sabía que Autocontrol tenía razón. No podía irse en contra de la verdad. Reflexionó un momento.
Lily	Creía que el placer era importante en nuestra vida. ¿Acaso no podemos tener placer?
Autocontrol	Placer no es una mala compañía. Él no te hará daño, siempre y cuando no estén Gula y Lujuria presentes. Cuando están juntos, su influencia es tan poderosa que te hacen caer de rodillas y se convierten en falsos dioses. Así que debes tener cuidado, ¡mucho cuidado!

Tony

Lily entendía muy bien lo que Autocontrol decía. Ella también tenía sus propios demonios. Al igual que Mario, les había dado autoridad sobre su vida y su voluntad. Había tratado—una y otra vez—de controlar el magnetismo que ejercían sobre ella, pero no había logrado resistirlos. No podía controlar sus demonios porque le hacía falta la fortaleza y el conocimiento que se encuentran en la Fuente. Necesitaba la libertad y el poder de la Fuente para conquistar a estos seres y volar arriba de ellos. Mientras más dependía de su propio poder (ego) para desafiar a sus demonios, más fuertes se volvían.

Yo lo sé porque yo mismo lo viví. Mientras más me esforzaba por cambiar algo en mi vida, peor se volvían las cosas. Cuando más me resistía a algo, más fuerza y poder le daba a ello. Hablé con Sam acerca de esto y me dijo:

Sam

Tony, mientras más te enfoques en conquistar tus demonios tu solo (sin la Fuente), más poder les das sobre ti. No ganarás la batalla peleando contra ellos, lo harás cuando la luz interior se encienda, y después, el dominio que tienen sobre ti se disolverá.

Saber ser feliz con lo que tienes: eso es la riqueza.

Lao Tzu

Tony

Lily pasaba por el bosque en camino al hotel. No se había percatado del tiempo. Se distrajo en la ciudad y se hizo tarde. Ya había obscurecido. La extraordinaria luz de las luciérnagas que centellaban en la oscuridad, la acompañaban. El río que pasaba frente a ella corría libremente. Deseó meter la mano en el agua y dejar que corriera entre sus dedos, pero la obscuridad la asustaba. No le pasó desapercibido que sólo con la suficiente luz de la luna y de las luciérnagas, el agua del río pudiera ser tan brillante en la oscuridad. Se paró a la orilla para ver las fugaces luces. Estaba callada, pensando en los demonios que habitaban en su mente y en lo difícil que resultaba permitirle a

Autocontrol gobernar sobre sus deseos. Al igual que la mayoría de las personas que conocía, se deleitaba con los falsos placeres, pero el precio era mucho más alto del que ella estaba dispuesta a pagar. Esa era una de las grandes razones por las que estaba desesperada por conectarse con la Fuente.

Unos pasos interrumpieron sus pensamientos. Se enderezó. Su corazón palpitaba tan fuerte que podía oír su vibración. «Muy buenas noches, señorita. Qué linda está la noche, ¿verdad?» le dijo un hombre parado detrás de ella. Lily casi no pudo emitir palabra. Tosió nerviosa y trató nuevamente de hablar.

Lily	Buenas noches, señor, le contestó mirándolo con incredulidad. Su cabeza tenía dos caras lo cual la asustaban muchísimo.
El hombre	No te asustes. No tengo ninguna intención de hacerte daño, te lo aseguro.
Tony	Ella se relajó, pero sus ojos estaban fijos en las dos caras.
Lily	¿Cuál es su nombre?, se atrevió a preguntarle.
El hombre	Mi nombre es Éxito, ¿Cuál es el tuyo?
Lily	Lily, le contestó sin poder dejar de verlo.
Éxito	Mucho gusto de conocerte, le dijo con mucha educación. ¿Estás sorprendida por mis dos caras?
Lily	Pues ya que lo menciona, sinceramente, sí.
Éxito	La verdad, es que tengo muchas caras, pero solo te enseñaré dos: la que emerge del alma y la que brota de la mente humana (ego).
Lily	Me puede explicar lo que quiere decir.
Éxito	Cuando soy resultado del corazón, lleno de alegría el alma del hombre. Cuando soy el resultado del ego la lleno de codicia y avaricia.
Lily	¿Perdone?, dijo Lily sin comprender.
Éxito	El sentimiento que el hombre experimenta cuando me alcanza en su vida le llena de alegría el corazón. Sí alguien busca mi presencia para ser lo mejor que

puede ser, emanaré del alma. Si busca mi presencia para sentirse superior a alguien más, brotaré del ego.

Tony La explicación dejó a Lily con dudas.

Lily Bueno, pero sucede que creo que usted es importante y necesario en la vida. Yo, por lo menos, necesito saber que he triunfado en los objetivos que me he trazado. Esto me da confianza. Me perturba no lograr lo que me he propuesto. Me siento frustrada.

Éxito ¿Te trazas esos objetivos para tu propio reconocimiento o para impresionar a otros?

Lily ¿Disculpe?, le contestó con la ceja levantada.

Éxito ¿Entiendes la diferencia entre mérito y valor, versus dominio y control?

Lily ¿Qué quiere decir?

Éxito Bueno, déjame explicártelo de esta manera. Cuando habito en el corazón del hombre, mi objetivo no es hacer un hombre de éxito, sino más bien, hacer un hombre de valores—que se convierta en el mejor hombre que pueda ser. Independientemente de la interpretación que la sociedad le haya dado a mi nombre, si haces lo mejor que puedes, poniendo todo tú mejor esfuerzo, ya no tendrás porqué sentirte frustrada. Recuerda esto siempre: solo puedes hacer lo que puedes hacer, pero siempre esfuérzate en hacerlo con excelencia.

Tony Creo que podemos estar de acuerdo en que la vida no se trata de perfección, si no que de excelencia y cuando nos esforzamos por ella obtenemos un verdadero progreso.

Éxito Hay quienes me buscan en sus vidas solo para ganarse el reconocimiento de los demás. Eso motiva a algunas personas a ser lo mejor que pueden ser. Pero puedo decirte que no son tan libres como lo son aquellas que me buscan en sus vidas para alcanzar y valorar lo mejor de sí mismas.

Lily Ya veo, dijo escéptica.

Éxito	Muchas veces la gente se engaña a sí misma con el concepto que tienen de mí.
Lily	¿Qué quiere decir con eso?
Éxito	Muchos creen que, si me tienen en sus vidas, serán felices, pero eso no siempre es así. Hay mucha gente exitosa que no lo es.
Lily	Y eso, ¿por qué?
Éxito	Porque su éxito está basado en las expectativas de la sociedad.
Tony	Lily lo vio con curiosidad.
Lily	Pero hay muchos que han alcanzado un gran poder en la vida precisamente por sus esfuerzos y habilidades.
Éxito	Claro, así es, pero mantén esto presente: Si su poder viene de adentro, continuarán siendo victoriosos y exitosos hasta el día que exhalen su último aliento. Pero si su poder es alimentado por fuerzas externas, dejarán de ser exitosos cuando sus habilidades ya no sean necesarias. ¿Qué estas tratando de alcanzar?
Lily	Bueno, pues yo deseo triunfar en mi búsqueda de la Fuente. Eso es lo que más aspiro en la vida.
Éxito	En ese caso, tienes que concentrarte y mantenerte enfocada. Usualmente la gente desea obtenerme basado en los estándares mundanos; creen que eso les traerá felicidad. Sin embargo, el tipo de triunfo que estás buscando, te traerá júbilo.
Lily	¿Cómo puedo llegar a tenerlo a usted en mi vida?
Éxito	Me puedes conseguir cuando sigas los dictados de tu corazón—o para ser más exacto, cuando sigas los deseos de tu alma. No te compares con nadie. Tú tienes que responderle solamente a tu propio corazón. Algunas personas nacieron para sobresalir en áreas específicas de la vida. Otros nacen para sobresalir en otras. En algunos, estoy en su corazón. En otros, en su ego. Sigue esforzándote para alcanzar la Fuente, la cual, como ya te han dicho anteriormente, está en el

centro de tu ser. Alcanzar esa meta te dará una incesante fuerza que nadie te podrá arrebatar.

Tony — Ella lo escuchaba con mucha atención.

Lily pensó — Entonces..., tengo que tomar mis propias decisiones. No importa si no soy tan buena como la otra persona; estaré bien siempre y cuando dé todo lo mejor de mí—eso es lo que realmente cuenta. Ay, qué alivio saber que no tengo que competir con nadie, solo tengo que competir conmigo y sobresalir en las áreas donde pueda hacer una diferencia. Me gusta pensar así. Creo que puedo vivir de esta manera por el resto de mi vida.

Tony — Permítanme hacer una pausa para compartir algo personal con ustedes. Qué alivio fue darme cuenta de que no necesito probar quien soy ante los demás. Antes de entender esto, sentía la necesidad de señalar mis habilidades, hablar de mis logros y presumir de mí mismo. Eso me hacía sentir que valía la pena, necesitaba convencer a otros de lo bueno que era. Pero hoy entiendo que toda esa jactancia no era más que una indicación de mi poca autoestima. Sam me dijo en una ocasión:

Sam — Tony, no andes hablando de tus logros, a la mayoría de las personas no les interesa lo que has hecho, ni cuanto tienes. Tu concéntrate en mantener tu paz interior. ¡Nada más! Otra cosa, Tony, tener mucho dinero no es lo mismo que tener éxito. El éxito significa alcanzar ese lugar en tu vida donde no tienes que justificarte ni dar explicaciones a la sociedad, no tienes que gastar tu energía preocupándote por lo que dicen o piensan de ti, y no sientes la necesidad de controlar y manipular a otros. Eso es a lo que yo llamo éxito.

Lily — Ya se está haciendo tarde; mejor nos vamos.

Éxito — ¿Te gustaría dar un paseo mañana?

Lily — Sí, me encantaría.

Éxito — Está bien, entonces tenemos una cita. Te veo aquí. Traeré un amigo, quien al igual que yo, tiene varias caras, pero una vez entiendas la posición que él tiene en tu vida, te complacerá mucho. Hasta mañana entonces.

Sólo cuando el ultimo árbol este muerto, el ultimo rio envenenado, y el ultimo pez atrapado, nos daremos cuenta de que el dinero no se puede comer.

Sitting Bull

Tony

Estaba amaneciendo. Lily se despertó al escuchar el feroz sonido de la tempestad. Llovía a torrentes, el aguacero era tan fuerte que parecía que iba a estallar los vidrios de las ventanas. La luz de los relámpagos se colaba por las persianas alumbrando la habitación. Los terribles truenos le hicieron sentir un miedo tremendo. Se metió bajo las sábanas temblando de terror. ¡Qué pequeña se sentía a la par de la naturaleza! Se dio cuenta de que, en un segundo, la tormenta podía hacerla desaparecer junto con todo a su alrededor.

> Me he percatado de lo frágil que somos los seres humanos. Cuando aceptemos nuestra vulnerabilidad, podremos sacar de nuestro interior la fortaleza para aceptar las limitaciones de nuestra existencia y buscar el mundo ilimitado de la Fuente.

Lily continuó observando la luz de los relámpagos que se colaba a través de las rendijas. Deseó que algún día también pudiera ver la luz por la cual tenía tanta hambre; la luz que la despertara y sacara de esa vida vacía que vivía.

La tormenta se empezó a calmar. Se levantó y miró por la ventana para ver si el fuerte viento había causado algún daño. No vio nada. Todo parecía estar bien.

Lily pensó

Creo que es prudente reunirme con Éxito.

Tony

Éxito y su amigo estaban parados bajo las ramas de un frondoso árbol que sobrevivió la tormenta. Lily se sorprendió de ver el daño que la tempestad había causado.

El amigo realmente tenía dos caras, tal y como Éxito le había comentado la noche anterior. Uno de los lados era bastante atractivo, pero el otro..., tenía una expresión alarmante.

Éxito Hola, me alegra mucho que hayas podido venir. Sí que fue una tormenta bastante fuerte la de la madrugada.

Lily ¡Oh, sí! Los relámpagos me aterrorizaron.

Éxito Puedo entenderlo. Esos truenos realmente pueden asustar a cualquiera con esos rugidos que se parecen a los de un furioso león. Pero me alegra que estés bien. Me gustaría presentarte a mi amigo.

Tony El amigo extendió su mano y le sonrió.

El amigo Es un placer conocerte Lily, mi nombre es Dinero.

Lily Igualmente. Me alegro de conocer a un buen amigo de Éxito.

Tony Los tres empezaron a caminar en medio del bosque. Debido a la tormenta había muchos árboles en el suelo y todo el lugar estaba lleno de lodo.

Éxito Vengan, podemos caminar mejor por este lado.

Tony Caminaron hacia la izquierda. El río corría tempestuosamente, como un niño revoltoso. Se sentaron sobre una enorme roca a la orilla del río. Los pájaros cantaban en tal armonía, que daban la impresión de estar cantando una melodía de amor entre ellos.

Dinero ¿Has escuchado hablar de mí?

Lily Sí, de hecho, con bastante frecuencia. Usted es un ser muy poderoso.

Dinero Sí, efectivamente así es. Para qué lo vamos a negar. Mucha gente me adora porque les doy lo que quieren.

Lily ¡Y lo que necesitan!

Dinero No siempre, le rebatió.

Lily ¿No? ¿Cómo qué no?, dijo levantando las cejas.

Dinero Hay muchas veces en las que no puedo darles las cosas que necesitan. No cabe duda de que a algunas personas les proveo sus necesidades inmediatas y a otras les proveo lo que quieren.

Lily ¿De qué está hablando? Usted trae felicidad a la vida de las personas, ¿No es así?

Dinero ¿Qué yo doy felicidad? No Lily, estas equivocada.

Lily Perdone, pero no entiendo. Conozco a muchas personas que lo tienen a usted en abundancia y son muy dichosas.

Dinero ¿De verdad lo son?

Lily Sí, ¡lo son!

Dinero ¿Y cómo puedes saber eso?

Lily Porque lo puedo ver.

Tony Dinero solamente se sonrió.

Dinero No puedes ver dentro de los corazones de las personas. Te estoy diciendo que yo no puedo comprarle felicidad a nadie. Sí son felices como dices que son, no es por mí.

Tony Lily se estaba incomodando.

Dinero Puedo ayudar a la gente a adquirir comodidad y a alcanzar reconocimiento, pero no a obtener felicidad. La mayoría de las personas encuentran mis beneficios irresistibles. Es por eso que muchos viven sus vidas persiguiéndome y tratando de poseerme. Me aman tanto que muchos matan, mienten, pelean o engañan por mí, y en ese proceso, temporalmente pierden el camino.

Lily Bueno, eso ya es ir demasiado lejos. Pero también están esas personas que trabajan duro; personas honestas que han trabajado con mucho afán para tener lo que tienen.

Dinero Claro, de eso no hay ninguna duda, pero, tú estás hablando de la felicidad, ¿no es así? Y te estoy diciendo de que no puedo comprarle felicidad a nadie. No tengo esa capacidad.

Lily ¿Y por qué no? Si usted gobierna el mundo.

Dinero Eso es casi correcto. Yo gobierno el mundo material. La felicidad y el júbilo no pertenecen al mundo material, pertenecen al mundo espiritual. Por eso es que no puedo ayudar a la gente a comprarlas. Felicidad y Júbilo no pueden comprarse, tienen que descubrirse. No soy la fuente de la felicidad, ni tampoco la fuente del júbilo; solamente soy la fuente de la comodidad.

Lily ¿Acaso comodidad y felicidad no son la misma cosa?

Dinero No, no lo son. La felicidad y el júbilo son el resultado de un alma que está en paz y que sabe que la verdadera abundancia está dentro de ella. La comodidad es externa. Significa posesiones o cosas materiales. Muchas de las personas que me tienen, me miran como a un dios, y por eso no pueden vivir tranquilos..., porque el miedo a perderme siempre está presente y no puede haber paz donde el miedo permanece. Tengo dos caras, al igual que Éxito. La gente se engaña así misma con el concepto que tienen de mí. Creen que pueden ser felices si me tienen en sus vidas en abundancia. Pero esto no es siempre verdad. ¡Es una ilusión!

Lily No, no estoy de acuerdo. Aunque me siga diciendo que no, conozco personas que son felices porque lo tienen a usted en sus vidas. Es más, yo misma he experimentado esa felicidad.

Dinero La felicidad que yo proveo es temporal y el hombre la tiene cuando estoy alrededor, pero cuando me voy, no les queda nada. Yo no puedo construir un cimiento en sus almas. ¿Entiendes?

Lily ¿Quiere decir que tenemos que ser p-o-o-o-bres para poder experimentar la felicidad y el júbilo?

Dinero No, no es eso. Lo que estoy diciendo es que no puedes depender de mí para ser feliz y dichosa. No puedo proveértelo. ¿Ves esta otra cara?, le preguntó, señalando el rostro atemorizante que ella había visto desde el primer momento. Esta cara les rompe el corazón a las personas. Puedo ser vil y mezquino y puedo irme cuando se me antoje. Nadie puede atarme. Soy impredecible y puedo irme sin ningún remordimiento porque, Lily, yo no tengo corazón. Eso es lo que te quiero decir, que no puedes depender de mí. ¿Puedo reparar un corazón roto? No, no puedo. Puedo gustarte. Puedes beneficiarte al tenerme en tu vida y hasta puedes obtenerme en abundancia y disfrutar de las cosas que te puedo dar, pero no confíes en mí para proveer las necesidades de tu alma. Si lo haces, te voy a herir.

Tony — Lily se quedó callada. No sabía que decir. Quería asegurarse de haber entendido bien. Ella creía que Éxito y Dinero eran importantes en la vida y ahora después de hablar con ellos, estaba un poco confundida. ¿Acaso estaba malinterpretando el mensaje? Ellos notaron su confusión. Éxito se arriesgó a aclararle las cosas.

Éxito — Nosotros somos buenos para ti, no tengas ninguna duda de eso.

Dinero — El problema está cuando las personas permiten que nos mezclemos con avaricia y codicia. Cuando eso pasa, no pueden evitar ser influenciadas por estas fuerzas. Pero si nuestra presencia es el resultado de un arduo trabajo, dedicación y determinación, puede ser maravilloso tenernos.

Éxito — No hay nada de malo con tener a Dinero. Para decir verdad, él es indispensable para vivir cómodamente, puede comprarte muchas cosas que te darán placer. Pero lo que no es ideal, es convertirte en su esclava y hacerlo un dios.

Dinero — Déjame explicarlo de esta manera. ¿No es extraño que muchas personas vivan engañadas de que las riquezas materiales les darán satisfacción? Estas personas imaginan que conmigo podrán comprar todo lo que quieran. Ahora, permíteme dejar algo bien claro. No hay nada de malo conmigo. Algunas personas piensan que soy la raíz de lo diabólico, pero es el amor por mí—la codicia y el deseo de poseerme a cualquier precio—lo que me convierte en una obsesión y es lo que maltrata y oscurece el alma. Hay hombres muy ricos que viven en casas sencillas, así como hay hombres muy pobres que viven en grandes mansiones. No son tus posesiones materiales las que le dan paz, tranquilidad y júbilo a tu corazón y a tu vida. Es quién eres. Después de todo, las mejores y más bellas cosas de la vida, no pueden comprarse con una moneda.

Tony Esto me recuerda un cuento que escuché hace muchos años sobre un hombre que se perdió por mucho tiempo en un bosque. Desesperado por comida y bebida buscó y buscó. Finalmente se encontró con una bolsa que alguien había dejado olvidada. Con gran esperanza abrió la bolsa, esperando encontrar algo que comer, pero se desilusionó cuando vio que solo había dinero. «¡Son solo monedas! ¡Son solo monedas!», exclamó angustiado. Tenía todo ese tesoro en sus manos, pero no le servía de absolutamente nada.

Lily Pero dinero, ¿cómo puedo saber si soy su esclava?

Dinero Estás bajo mi esclavitud cuando no puedes desprenderte de mí.

Tony Cada uno de nosotros sabemos en nuestro corazón si somos prisioneros del dinero, y la mayoría de nosotros, lo somos.

Hubo un gran silencio. Lily necesitaba un poco de tiempo para asimilar lo que acababa de escuchar.

Éxito Debes tener cuidado con nosotros, ya que, si no estás alerta, podemos llenar tu corazón con falso orgullo, vanidad y arrogancia.

Lily pensó ¡Ay! Ahora me van a decir que es malo sentir orgullo.

Lily ¿Están insinuando que está mal sentirse orgulloso por lo que uno ha alcanzado?

Dinero No, no te confundas. No es malo tener orgullo, lo que no es ideal es el falso orgullo.

Lily ¿Falso orgullo? ¿Qué es eso? ¿Cuál es la diferencia?

Dinero Orgullo, es esa emoción que experimentas cuando te sientes bien por las cosas que haces, por lo que has logrado y cuando has alcanzado las metas que te has fijado, pero, sobre todo, cuando estas satisfecha con quién eres. Cuando tienes tu propia aprobación.

Lily pensó ¡Ay, qué alivio!

Dinero El falso orgullo, por otro lado, es cuando consideras que eres mejor que otra persona por lo que has hecho, o cuando te juzgas a ti mismo, superior por lo que tienes o por lo que sabes.

Lily Ahora estoy totalmente de acuerdo.

Tony Dinero se le acercó al oído y le susurró:

Dinero No me necesitas para comprar las riquezas del espíritu. No necesitas tenerme en exceso para ser feliz. La felicidad es parte de ti. El problema es que el mundo te ha contaminado y envenenado. Te han lavado el cerebro con el miedo y te han hecho ver espejismos acerca de lo que represento y de lo que representan triunfo y felicidad. Escucha, como ya te dije, ya tienes la felicidad. Vive dentro de ti, pero para experimentarla, debes deshacerte de todos los malentendidos que sigues sosteniendo en tu mente, aun sabiendo que no te funcionan.

Tony Recuerdo los días en que perseguía el dinero. Cuanto más tenía, más quería, y nunca era suficiente. Les diré la verdad. Tenía miedo de perderlo. El dinero era lo único que tenía y no me podía imaginar vivir sin él. Tenía tanto miedo de no tener suficiente, que no podía soltarlo. ¡Eso sí que no!, pensaba, si lo gasto o si comparto un poco con otras personas que tienen menos que yo, no tendré suficiente para mí..., y me aferré al dinero con tacañería, y cuando digo que me aferré con tacañería, quiero decir exactamente eso: tacañería. No me malinterpreten, regalaba dinero, pero lo resentía, porque no lo estaba dando con amor. Al contrario, lo daba por miedo, por deber y obligación, porque si no, la culpa mostraba su áspera cara. Un día, a medida que mi consciencia creció a un nivel más alto de entendimiento, pude discernir que no estoy aquí para servir al dinero. No señor, al contrario, el dinero está aquí para servirme a mí. Desde que tuve esa revelación (la convicción), he podido apartarme del amor al dinero y hoy lo puedo disfrutar sin ese constante temor de perderlo o de no tener suficiente. Hoy veo las cosas de otra manera. Soy capaz de elegir dejar el futuro en manos de Dios, y tener confianza de que todas mis necesidades serán satisfechas.

El privilegio de una existencia es llegar a ser quién Eres verdaderamente.

Carl Jung

Tony — Regresó al hotel. Tenía mucho en que pensar. Había pasado varios días en la Ciudad de la Tentación y había recibido varios consejos para aplicar en su vida. Al entrar al hotel, escuchó a Conciencia hablar con una mujer que lloraba a mares. Se llamaba Catalina. Lily no quería interrumpir y pasó con mucha discreción. Conciencia le hizo un ademán para que se acercara.

Catalina, le abría el corazón a Conciencia, quien la abrazaba tiernamente, acariciándole las manos con ternura y permitiéndole llorar libremente. Lily se sentía muy incómoda de presenciar esa escena. La conversación era íntima, como para estar escuchando.

Conciencia — No te preocupes, ella también está en busca de la Fuente. Quédate y escucha.

Tony — Las dos jóvenes intercambiaron miradas. Había una gran nostalgia en los ojos de Catalina, una nostalgia con la que Lily pudo identificarse.

Conciencia — Catalina, me gustaría contarte algo sobre mí. No te lo dije antes porque todavía no era el momento apropiado y necesitabas estar lista. Quiero decirte que yo también soy parte de Sabiduría. Al igual que Amor, Paz, Confianza Perdón, Piedad, Humildad, Responsabilidad y Autocontrol, también vivo en la Fuente.

Tony — Catalina no podía creer lo que estaba escuchando.

Conciencia — No tengas miedo, no te desanimes. No estás sola. Estoy contigo. Sabiduría te está esperando. La razón de tu existencia es encontrarla. Pero no puedes apresurar las cosas. Tienes que recorrer el camino que tienes frente a ti.

Tony — Me he percatado muy bien de lo que Conciencia estaba diciendo. En el campo del espíritu, no podemos apresurar las cosas. Tenemos que aplicar en nuestra vida las sugerencias que recibimos de otros que ya han aprendido a volar, pero más importante aún, las que escuchamos de nuestra propia voz.

Conciencia — Estoy aquí para ayudarte a tomar las decisiones más adecuadas, para guiarte, prevenirte, advertirte y enseñarte a confiar en tu voz interior.

Tony — Muchas veces, Catalina había escuchado que esa voz interior le hablaba. Con incredulidad en sus ojos la vio y le preguntó:

Catalina — ¿Quiere decir qué la voz que he escuchado dentro de mí es la suya?

Conciencia — Sí. Yo soy la voz de Sabiduría, quién te habla a través de mí.

Catalina — Creo que no entiendo.

Conciencia — Lo sé. El entendimiento viene a través de la revelación divina. No puedes entender hasta que no hayas aprendido a conectarte con tu luz, porque es a través de tu luz, que te llega la revelación.

Catalina — Pero, dijo buscando las palabras adecuadas. Deseo entender. Quiero conectarme con mi luz. Ansío encontrar a Sabiduría. Por favor, ayúdeme.

Conciencia — Sí de verdad deseas encontrarla, tienes que estar dispuesta a escuchar y actuar. Te puedo ayudar. Pero recuerda, solamente puedo mostrarte el camino; depende de ti el caminar. Sólo puedo dirigirte; depende de ti seguir la guía. Solo puedo decirte lo que puedes hacer; depende de ti elegir hacerlo. Hay muchos lugares a los que tienes que ir, donde tendrás experiencias y lecciones que te ayudarán. Pero no te apresures, porque el camino se va despejando un paso a la vez. Estoy en tu corazón. Te hablaré. Escúchame y actúa. Siempre recuerda que soy la voz de Sabiduría, por lo menos, hasta que la encuentres dentro de ti. Cuando lo hagas, ella le hablará directamente a tu corazón. Atrévete a hacer algo diferente.

Tony — El rayo de sol que se colaba por la ventana, dejó ver un resplandor en la cara de Catalina. Algo le había hecho mella. Le agradeció y se despidió con una alegre sonrisa.

Lily pensó — Estoy igual que Catalina. Que bueno que Conciencia la ayudó. De seguro me va a ayudar a mí.

Conciencia — Lily, ¿cómo estuvo tu estadía?

Lily — Tengo sentimientos encontrados. Una parte de mí quiere quedarse y la otra irse.

Conciencia — Te entiendo. Quieres quedarte porque los falsos placeres que has encontrado en esta ciudad son muy seductores. Pero deseas irte porque se te han vuelto incontrolables y les has dado el poder sobre ti. ¿Estoy en lo correcto?

Lily — Sí, así es. Necesito salir de aquí antes de que sea demasiado tarde.

Conciencia — Si te fueras de aquí, ¿a dónde irías?

Lily — A la Ciudad del Espíritu. ¿Acaso no dijo que allí es donde habita Sabiduría?

Conciencia — Sí, allí precisamente. Pero mientras los falsos deseos te dominen la voluntad, no podrás vivir allí.

Lily — ¿Por qué no?, preguntó, sintiéndose desconsolada.

Conciencia — Si deseas estar en unión y armonía con la Fuente, debes aprender que no puedes vivir en las dos ciudades al mismo tiempo.

Lily — Pero ¿por qué no? No lo puedo entender. ¿Cómo puedo dejar de experimentar los deseos del cuerpo? Acaso, ¿no fuimos creados con cuerpo y alma?, preguntó frustrada.

Conciencia — Necesitaras encontrar el equilibrio necesario. Es muy simple, mas no es fácil entender. Si los falsos deseos (ego) están gobernando tu voluntad, no puedes escuchar a Sabiduría. En otras palabras, el ego y el espíritu no son compatibles. No puedes tenerlos a ambos a un mismo tiempo. Ya sea que estés en el círculo del amor o en el círculo del miedo. Poniéndolo de otra manera, que estés con el sano juicio o con la locura. Pero no te preocupes que para eso estoy yo, existo para ayudarte y proporcionarte los utensilios necesarios para que no te rindas y caigas en los brazos de Tentación. Él siempre será parte de tu experiencia humana, mas no de tu experiencia espiritual; allí, Tentación no existe. Pero como parte de la experiencia humana, no puedes deshacerte de él, pero sí puedes despojarte de su dominio. Eres la única que puede decidir a quién pertenecer. Yo solo puedo susurrarte y aconsejarte..., eres tú quien decide si aceptas la guía o no..., y si no lo haces..., por favor, no te condenes, acepta qué no hay castigo ni condena externa esperando por ti. El único juez, eres tú misma y si en este momento del camino no estas preparada para seguir la voz interna, no pasa nada, simplemente continuarás sufriendo y sintiéndote mal como ha sido hasta ahora. Solamente podrás elegir algo diferente, cuando verdaderamente te hayas cansado de sufrir y de vivir con ansiedad y miedo. Hasta en ese entonces, estarás lista para elegir ver las cosas de otra manera.

Lily — Pero, ah, eso es sumamente difícil. No negaré que he escuchado su voz, de hecho, muy frecuentemente. Pero es muy difícil obedecerla.

Tony — Sí, por supuesto. Es muy complicado cuando intentamos hacerlo por nosotros mismos. Pero cuando invitamos a la Fuente a ayudarnos a ver las cosas de manera distinta, se vuelve mucho más fácil.

Por mucho tiempo viví bajo la impresión de que el libre albedrio significaba sufrimiento. Pero me equivoqué. Porque tener libre albedrio quiere decir que, como seres humanos, tenemos libertad para tomar nuestras propias decisiones y no deberíamos sentirnos culpables por ello, pero independientemente de eso, nos sentimos pecadores, porque eso es lo que hemos aprendido. Pero no es verdad. Somos una extensión del Creador y estamos aprendiendo y evolucionando. Los errores cometidos son para corregirlos y no para castigarlos.

En mi falta de visión, malinterprete el concepto. Pensé, erradamente, que tener libre albedrio significaba sacrificar mis deseos por los deseos de dios, un dios externo; el dios de mi niñez, sin ir muy lejos, quien me acompañó por un largo trecho y quien exigía grandes muestras de santidad y perfección que no podía dar, ni remotamente. Ese era el dios del mundo con quien nunca me pude identificar y mucho menos, conectar.

Pero no nos alarmemos. No olvidemos que es un proceso. No nos sintamos mal por no ser perfectos, sino que tengamos presente que estamos en el lugar donde tenemos que estar para el siguiente paso en la evolución de nuestra alma.

Conciencia

Te tomará tiempo deshacerte de la plaga que has acumulado en tu corazón por tanto tiempo con pensamientos errados. Son ellos precisamente los que te hacen elegir las cosas que esta ciudad ofrece y que llenan temporalmente el vacío de tu alma. El proceso de liberación empieza cuando percibes dentro de tú corazón la presencia de la Fuente de tu creación. En otras palabras, cuando te conectas con ella y descubres que hay un gran poder que emana de allí dentro, empiezas a soltar y por lo consiguiente, a sentir la anhelada libertad. Es ese poder el que te ayuda a identificar sentimientos, creencias y emociones que te han mantenido bajo grandes cadenas y que te impulsan a ceder a los falsos deseos (sin equilibrio). Cuando alcances el lugar en tu sendero en que puedas elegir el poder de la Fuente—tu verdadero poder—tu falta de paz cesará y la batalla se ganará.

Lily	Y..., ¿eso cuándo pasa?
Conciencia	Ya está pasando.
Lily	Y..., ¿por qué no lo puedo ver?
Conciencia	Porque esperas ver resultados inmediatamente. Las cosas no funcionan así. Tienes que aplicar las lecciones que has recibido para poder entender el todo. No temas y no te desalientes. Hay una cosa que sí te puedo prometer. Sé quién es la Fuente y puedo garantizarte que la Fuente se asegurará de que llegues a ella.
Lily	¿Qué quiere decir?
Conciencia	Que la Fuente te hará posible llegar a ese lugar interno, de donde sacarás la fortaleza para elegir sin tanta carga ni dolor. Llegarás a un lugar, donde escogerás las cosas porque quieres y no porque debes. Es ese sentimiento de *deber* y obligación lo que te echa el peso encima. Todo lo que necesitas es estar dispuesta a ser transformada, a experimentar un cambio de corazón—estar dispuesta a estar dispuesta.
Lily	No entiendo del todo. ¿Quién me hará estar dispuesta si yo estoy dispuesta a estar dispuesta?, preguntó con recelo.
Conciencia	La Fuente lo hará. ¿No es eso prometedor?
Lily	Sí, claro. No es solamente prometedor, si no que es un gran alivio saberlo, dijo dejando salir un profundo suspiro.
Conciencia	Por el momento sigue buscando. Te estás acercando cada vez más y más. Te repetiré lo que le dije a Catalina: «No olvides que estoy contigo, en tu corazón. Te hablaré. Escúchame y actúa. Atrévete a hacer algo diferente».
Lily	Gracias, Conciencia.
Tony	Conciencia le dio una cariñosa palmada en el hombro.

Conciencia — Si haces lo mejor que puedes, que es realmente todo lo que puedes hacer, tendrás éxito en tu búsqueda por la Fuente. ¡Te lo garantizo!

Tony — Conciencia le guiñó un ojo y le sonrió con una sonrisa certera.

Si no fuera por la esperanza, el corazón se rompería.

Proverbio Inglés

Tony — Lily se fue a su habitación. La conversación que sostuvo con Conciencia le había hecho sentir mejor. Una calma la bañó como un regaderazo de agua. Se sentó en la cama y cerró los ojos dejando escapar un profundo suspiro. Supo que no estaba sola. Le había dicho que estaría con ella. Pero, aun así, tenía miedo. No creía en sí misma. No confiaba en sus sentimientos y emociones. Estos le habían fallado ya tantas veces y ahora se encontraba enfrentando la dura decisión de escoger los falsos deseos o el espíritu. Después de un profundo análisis y meditación, se dio cuenta de que no estaba preparada para escoger el espíritu.

Lily pensó — ¿Cómo puedo escoger? ¡Ni siquiera sé quién o qué es la Fuente?

Tony — Puedo recordar muy bien esos años cuando me sentía igual que Lily. No sabía nada acerca de la Fuente. Conocía mis demonios y aunque me causaban daño me había acostumbrado a ellos. Le habían traído placer a mi vida, aunque fuera solamente por un corto tiempo. Eso era mejor que nada. Pero, la Fuente, ¿qué me había dado la Fuente? Hasta donde podía ver, no me había dado nada especial. Así que, de la forma en que veía las cosas en ese entonces, yo tampoco pude escoger al espíritu, por lo menos no en ese momento.

La voz de Tony se quebró y una lágrima corrió por su mejilla. Se despejó la garganta y continuó...

> Pero déjenme decirles algo, cuando pude experimentar la presencia de la Fuente en mí..., ¡qué cambio tuve en mi vida! Pero, como ya hemos escuchado, todo pasa en el momento preciso y cada hombre tiene que experimentar su propio despertar.

Lily se dirigió al sofá para ver televisión. Ya no quería pensar en nada más. Se sentó, sintiéndose muy desconsolada.

Lily pensó ¿Por qué tiene que ser tan difícil encontrar la Fuente? No tengo esa fuerza interior que se necesita para encender la luz.

Tony Cerró los ojos y descansó por un momento. Admitió que necesitaba a Paciencia, sabía que la ayudaría muchísimo.

> No es tarea fácil encontrarla, pero cuando la encontramos, sus frutos son dulces. Con su ayuda, podemos descubrir muchas de las cosas que nuestra alma necesita para liberarse del yugo del ego.

Al rato, cuando abrió los ojos, se quedó sin habla. Una mujer muy agradable estaba parada frente a ella, allí mismo, en medio del cuarto, mirándola sin decir palabra. Lily la vio sin saber que decir.

Lily pensó ¿Quién será?

Tony La mujer le sonrió agradablemente.

La mujer No tengas miedo. Mi nombre es Esperanza.

Tony Esperanza se veía fantástica. Lily tenía que admitir lo bien que se sentía en su presencia y podía intuir que ella estaba allí para ayudarla.

Lily Hola Esperanza. Siéntese por favor. Podría preguntarle, ¿quién es y qué hace aquí?

Esperanza Perdóname por entrometerme. Soy tu amiga. Y, ¿qué hago aquí? He venido a sostenerte.

Lily ¿A sostenerme?

Esperanza Así es, estoy aquí para sostenerte, le reiteró.

Lily — Y..., ¿exactamente cómo va a hacer eso?

Esperanza — Te abriré mis brazos, son fuertes y robustos, puedes descansar en ellos. Los necesitarás en tu búsqueda de Sabiduría.

Tony — Lily sintió ternura.

Lily — Esperanza, sé que está aquí para ayudarme. Muchas gracias, pero podría explicarme, ¿exactamente a qué se refiere?

Esperanza — Allá afuera en el mundo, es muy peligroso. Sin Sabiduría, no sabes a dónde ir. Todo lo que tienes es lo que has aprendido de otras personas que están igual o peor que tú. Ignoras lo que pasará mañana, pero Sabiduría sí lo sabe. Ella lo sabe todo. Mi trabajo es sostenerte mientras la encuentras. Una vez lo hayas hecho, ella misma te sostendrá. En otras palabras, cuando encuentres a Sabiduría, también encontraras la Fuente, ya que ellas dos son lo mismo. Creo que ya te han dicho anteriormente que esa es la razón de tu existencia (la de todos), encontrar a Sabiduría y reposar en ese lugar interno donde puedes escuchar esa suave y dulce voz que amorosamente te susurra que todo está bien, sin importar las circunstancias en tu vida. En ese momento, alcanzaras el descanso que estás buscando (el alivio del alma).

Tony — Lily estaba a punto de decir algo, pero así de repente, escuchó la voz de Conciencia diciendo: «Aquiétate y escucha».

Esperanza — Estoy aquí para sostenerte y sostener a otras almas como la tuya—almas hambrientas por el alimento que sólo Sabiduría puede ofrecer. Cuando la encuentres ya no estaré contigo, sino que estaré dentro de ti.

Lily — ¿Qué quiere decir con «dentro de mí?».

Esperanza — Soy parte de la Fuente y, por consiguiente, también vivo dentro de ti. Pero permaneceré afuera hasta que llegue el momento en que te des cuenta que no necesitas buscarme en ningún lugar más que dentro de tu corazón. Como ya se te ha dicho, es allí donde vive la Fuente—en el centro de tu Ser.

Tony Con los ojos llenos de agradecimiento, Lily vio a Esperanza.

Lily Gracias. Muchas gracias por estar aquí.

Esperanza No me agradezcas a mí. Agradécele a la Fuente; ella me envió.

Tony Las palabras de Conciencia le vinieron a la mente: «Hay una cosa que sí te puedo prometer. Sé quién es la Fuente y puedo garantizarte que se asegurará de que llegues a ella».

Esperanza Te diré algo más. Pensamientos erróneos habitan en tu mente. Estos pensamientos te ocasionan dolor. Ya deja de tratar de cambiar las cosas que pasan fuera de ti. Quiero que sepas que las circunstancias externas no tienen ningún poder para herirte, a menos que tú les des ese poder. Todos sabemos cuánto dolor llevas en tu corazón. Has construido paredes tan gruesas donde ocultarte. Aprende a no esconderte detrás de esas paredes; detrás de tus problemas. Ellos son ladrillos en el muro y pueden sacarse uno a la vez. Hay un lugar especial para ti (y para todos), donde puedes descansar de las presiones que te provoca seguir la guía del ego. Que, dicho sea de paso, no sabe nada, solo cree que lo sabe todo. ¡Pero, no!

Lily Todo lo que deseo es encontrar mi lugar en esta vida, cualquiera que sea ese sitio.

Esperanza No te desanimes, he llegado y no te abandonaré.

Tony Yo sufría tanto porque no le permitía a Esperanza ser parte de mi vida. No quería ilusionarme de nada porque tenía miedo de decepcionarme. Había experimentado tantas veces ese sentimiento y sabía cuánto dolía. No deseaba volverlo a sentir. ¡No! ¡Ay...no, no, no! Qué horrible es vivir sin Esperanza. ¡Lo sé! He estado en esa situación. Sin embargo, después de un largo camino, conocí a Sabiduría y experimenté el otro lado de la moneda. Desde entonces, me ha sido posible descansar en los tiernos brazos de esa presencia. En ocasiones, cuando mi corazón necesita un consuelo, puedo sentirla cerca, tomándome en su regazo y acomodándome con cuidado en un imaginario abrazo. Gracias Esperanza.

Capítulo Cuatro: La Ciudad de la Convivencia

Ten paciencia con todas las cosas,
pero sobre todo contigo mismo.
San Francisco de Sales

Tony

Después de su conversación con Esperanza, Lily durmió profundamente. Se despertó sintiendo un raro alivio. El peso que llevaba sobre sus hombros no era tan pesado como de costumbre. Esperanza la estaba ayudando a cargarlo.

Lily pensó

¡Qué bien me siento! Ahora que he encontrado a Esperanza, creo que podré continuar mi camino a ese lugar al cual creo pertenecer.

Tony

Prestándole atención a sus pensamientos y creencias, estaba ansiosa de seguir con su búsqueda. Empezaba a sintonizarse con el mundo espiritual, sumergiéndose en lo desconocido.

> No obstante, a medida que la observemos en su caminar, veremos que experimentará momentos en los que regresará a la amargura y a la ira. Pero no será en vano, porque aprenderá de esos instantes que son precisamente las oportunidades para el aprendizaje en ese momento..., y el día llegará, en que, con la ayuda de la Fuente, podrá vencer sus miedos.

Había pasado tres meses en la Ciudad de la Tentación. Lily estaba lista para seguir adelante. Estaba descubriendo tantas cosas que le servirían para reinventarse (para cambiar). Empacó su equipaje y bajó las escaleras para ir a desayunar. Se acercó a la mesa cercana a la ventana y se sentó a observar. El otoño se despedía para darle lugar al frio invierno. Mirando hacia el cielo nublado, vio que las cimas de las montañas estaban cubiertas de nieve. Se quedó viendo fijamente a través de la ventana preguntándose hacía dónde ir. Era consciente de que aún le esperaba un largo camino antes de poder llegar a la Fuente, pero por lo menos ahora tenía la compañía de Esperanza..., y la guía de Conciencia.

Fue a la estación a tomar el próximo tren. Subió y se sentó en su lugar favorito—a la par de la ventana. Había adquirido una nueva visión. Le fascinaba sentarse allí para admirar la magnífica y majestuosa creación de la naturaleza. Muchos de los paisajes que iba observando a lo largo del camino, le ayudaban a reflexionar en cosas espirituales. Las inexplicables formaciones de la naturaleza la maravillaban.

El tren iba bastante rápido.

Lily pensó

Mi vida también se está moviendo muy rápido y todavía sigo en busca de la Fuente. Sin embargo, he encontrado varios vasos de agua que me han ayudado a calmar la sed de mi alma. Eso es algo bueno, creo...

Tony

El tren se movía a lo largo del curvado camino desde donde podía verse el área de esquiar. El lugar era conocido por los esquiadores por las magníficas cuestas que se habían formado entre las altas montañas. El pico más alto era un verdadero reto hasta para el más experto esquiador. El paisaje era sencillamente espectacular. La nieve cubría la cima de las montañas y los rayos del sol se colaban a través de una densa capa de nubes. La mayoría de los árboles estaban cubiertos de la brillante nieve, excepto algunas ramas verdes de los pinabetes que se habían logrado escapar. Todo alrededor se veía limpio y puro.

El tren hizo una parada para recoger a otros pasajeros. La alegría y tranquilidad que estaba experimentando se acabaron de repente: Pablo y Rita entraron al tren y se dirigieron a donde ella estaba sentada, interrumpiendo sus pensamientos.

Pablo

Con permiso.

Tony — Pablo y Rita querían los asientos vacíos a la par de la ventana frente a ella. Se sentaron sin siquiera esperar a que se moviera para dejarlos pasar y la ignoraron por completo.

Lily pensó — ¡Qué gente tan grosera!

Tony — Ella tampoco hizo ningún esfuerzo por conversar con ellos.

Lily pensó — Sí no me hablan, pues yo tampoco les hablaré.

Tony — Se quedó esperando a que iniciaran alguna conversación. De la misma manera, ellos esperaban que ella tomara la iniciativa. Ninguno de los tres hizo nada por comunicarse con el otro, así que viajaron juntos por un largo rato, sin mirarse ni dirigirse la palabra.

> Realmente es asombroso como la mayoría de nosotros esquivamos la mirada de la gente, especialmente la de los desconocidos. Siempre me he preguntado ¿por qué será? y ahora sé que es porque nos tenemos miedo. No confiamos uno del otro y, por consiguiente, no abrimos nuestro corazón. Verdaderamente, para mí era muy difícil abrirme y confiar en las personas. Pero afortunadamente, superé mi temor cuando empecé a pensar que la gente es como yo. Empecé a sonreír más a menudo y me di cuenta de lo importante que es tratar a las personas con cortesía y respeto—de la misma manera como quiero que me traten. Descubrí que cuando tomo la iniciativa de entablar una conversación con las personas, la mayoría de las veces me responden positivamente. Está claro que los seres humanos esperamos que alguien más dé el primer paso, y al menos en mi experiencia, cuando tomo esa iniciativa, la mayoría parecen apreciar mis esfuerzos.

Uno de los problemas más grandes en la vida de Lily eran las personas. No sabía cómo actuar con la gente. No confiaba en nadie. Había construido toda clase de muros a su alrededor para protegerse de la maldad que veía en los individuos. No le permitía a nadie traspasar esos muros. En muchas ocasiones, hubo

	personas que trataron de tocar su corazón, pero ella no los dejó entrar. Tenía tanto miedo de ser herida y había tomado la decisión hacía mucho tiempo de que era más fácil y seguro mantener su distancia.
	Lily iba tomando una soda cuando accidentalmente se le cayó la botella. El líquido frío se derramó sobre la pierna de Pablo, quien la veía con rabia. «¡Idiota!», pensó, pero no pronunció una sola palabra mientras se limpiaba el pantalón.
Lily	Por favor discúlpeme, dijo, sintiéndose muy mal.
Tony	Pablo ni siquiera la volvió a ver.
Lily pensó	¡Imbécil!
Tony	Lily le echó una mirada fulminante y permitió que la ira le ganara la batalla, robándole así la alegría de la mañana (así pasa, es normal, es un aprendizaje que lleva tiempo asimilar).
Lily pensó	¡Gente...detesto a la gente!
Tony	Estaba tan enojada que no podía pensar o actuar con claridad. Una señora sentada en la parte de atrás del tren observaba la situación y movía la cabeza con un gesto de gentil desaprobación.
	Eran aproximadamente las 9:30 de la noche cuando el tren llegó a su destino. El rótulo arriba de la puerta de entrada decía: BIENVENIDO A LA CIUDAD DE LA CONVIVENCIA. Era una noche bastante fría. Fuertes vientos soplaban la nieve por todos lados. Todos los pasajeros empezaron a bajar. Lily se paró. Vio a Pablo y a Rita con desprecio, agarró su abrigo, bufanda y guantes y les volteó la espalda sin decir palabra. No hay necesidad de decirlo, obviamente estaba fastidiada, cansada y definitivamente de mal humor. Lo único que quería era darse una ducha de agua caliente y olvidarse del incidente. No estaba dispuesta a perder su tiempo en ellos.
Lily pensó	No valen la pena. No son nadie importante.
Tony	Lily estaba molesta porque ellos la habían tratado muy despectivamente, tal y como ella se comportaba con otros. Pero no lo veía así, por lo menos, no

todavía; que ella usualmente trataba con indiferencia y poca tolerancia a los demás.

Lily no había alcanzado llegar a ese lugar interno donde pudiera ver que, en la mayoría de los casos, las personas actúan de esa manera porque llevan dentro heridas abiertas. Por eso mismo, la mayoría de ellas, responde violentamente a la primera oportunidad que se les presenta, porque eso les ayuda a sacar la ira que llevan dentro. El día llegará cuando podrá ver a las personas de manera diferente, con ojos de amor, tolerancia y compasión. Sin embargo, este no era ese día.

Dejo la estación en busca de un lugar donde pasar la noche. Encontró un pequeño hotel, no era nada del otro mundo, pero era lo suficientemente bueno y limpio para bañarse y pasar la noche. Entró por la pequeña puerta del frente y allí estaba—un nuevo reto. Ingresó despacio sin el menor deseo de hablar con nadie.

Recepcionista	Buenas noches señorita, ¿en qué puedo ayudarle?
Lily	Quisiera un cuarto, por favor.
Tony	Lily fue educada, pero el tono de su voz dejaba mucho que desear.
Recepcionista	¿Está viajando sola, señorita?
Lily	Así es, respondió malhumorada.
Recepcionista	¿Y por qué? ¿Por qué está sola? ¿Es por decisión propia?, preguntó inoportunamente.
Lily	¿Disculpe?, le respondió, echándole una mirada fulminante.
Lily pensó	Y eso, a usted ¿qué le importa?
Tony	Lily lo ignoró por completo, pero su corazón no ignoró la pregunta. ¿Por qué estaba sola? Definitivamente no era por su propia decisión. ¿Sería algo inconsciente? La verdad es que sentía mucha soledad porque no sabía relacionarse con las personas. Juzgaba a todos y tenía muchas expectativas. Su ira la hacía una persona desagradable. Inclusive, hasta las

	personas a quienes ella más amaba, no querían estar a su lado.
Lily	¿Me puede dar un cuarto, por favor?, le dijo
Recepcionista	Sí, señorita, le respondió, dándose cuenta de que su pregunta la había alterado. «Mejor cierro la boca y solamente me voy a dedicar a la habitación», pensó. No tenemos ninguna habitación de una sola cama disponible. ¿Le interesaría una con dos camas?
Lily	Sí, sí, está bien, contestó impaciente.
Lily pensó	Este tipo me está sacando de quicio.
Tony	Le asignaron una habitación de dos camas ubicada en el primer piso. Cuando abrió la puerta se sorprendió de ver a una mujer descansando en el sillón.
Lily pensó	¡Ah, qué maravilla! El hombre me dio la habitación equivocada. ¿Cómo es posible que la gente sea tan incompetente?
Lily	Disculpe señora. Creo que me confundí de habitación.
La señora	No, no estás equivocada, este es tu cuarto, Lily.
Lily	¿Nos conocemos?, preguntó con curiosidad.
La señora	No, desafortunadamente no me conoces, pero me conocerás. Entra y cierra la puerta, le pidió con gentileza. Mi nombre es Paciencia y he venido a rescatarte.
Tony	Lily no se movió.
Lily	¿A rescatarme ha dicho?
Paciencia	Así es, a ¡rescatarte!
Lily	¿Por qué y de qué va a rescatarme?
Tony	El corazón le latía tan rápido que sentía que se le iba a salir del cuerpo.
Paciencia	¿Te diste cuenta de tu comportamiento en el tren? Te estaba observando, le informó con una amable sonrisa.
Tony	Lily no supo qué contestar.
Lily pensó	¡Ay, no! Piensa, piensa rápido.

Lily — No entiendo a qué se refiere, se arriesgó a responder.

Paciencia — ¿No entiendes, Lily, o no quieres entender?, preguntó en un tono suave de voz.

Tony — Lily no sabía qué o cómo responder, la había tomado desprevenida. Sabía muy bien a qué se refería y permaneció callada. Avergonzada, bajó la cabeza deteniéndose firmemente de la chapa de la puerta. Paciencia caminó hacia ella y con un suave movimiento de mano le alzó la cara.

Paciencia — No tienes por qué sentirte avergonzada. No seas tan exigente contigo misma. Recuerda que estás aprendiendo, el crecimiento espiritual es un proceso. Todo lo que tienes que hacer es observar—sin culpa ni condena—tu manera de pensar y de actuar, para que te des cuenta de cómo te relacionas con los demás. ¿Observaste tu comportamiento con el empleado del hotel?

Lily — Bueno, si, pero estoy cansada. No estaba de humor para hablar con él, le contestó con vergüenza.

Tony — Lily cerró la puerta y puso su valija junto a una de las camas.

Paciencia — Ya veo. Entonces, según tú ¿está justificado el ser grosera solamente porque estas cansada? Déjame hacerte una pregunta. ¿Cómo son tus relaciones interpersonales?

Lily — Algunas son buenas; otras no. ¡Todo depende!

Paciencia — ...todo, ¿depende de qué?

Lily — ...todo depende de sí me agradan o no.

Paciencia — Y..., ¿estás satisfecha con eso?

Tony — Lily bajó la cabeza. Tenía que ser honesta. Se lo debía a sí misma. Sabía muy bien que algunas de sus relaciones estaban mal, muy mal. Ella reconocía que estas relaciones fallidas contribuían al dolor de su corazón.

Lily — No, no lo estoy, respondió sin atreverse a verla.

Paciencia — Claro que no lo estás. ¿Y qué esperabas? Le dijo afectuosamente. Quieres que las personas sean amables contigo, pero está bien que tú seas grosera e irrespetuosa con ellas. Luego te enojas cuando ellos te tratan de la misma manera. ¿O no? Todo está bien si tú le exiges a otros, pero si ellos te exigen a ti, válgame Dios. ¿No es así? Tú sí puedes levantar la voz, pero ¿cómo te sientes cuando alguien te la levanta a ti? Estás contenta si las personas están de acuerdo con lo que tú dices, pero de lo contrario, ¡que tengan cuidado! Tratas a las personas que amas con indiferencia, pero deseas que todos te consideren a cada momento.

Lily pensó — Es cierto, pero..., ¿cómo sabe ella todo eso?

Paciencia — Lily querida, continuó Paciencia, con cariño y delicadeza. Intuyo que deseas tener una buena relación con la gente a tu alrededor, ya sean tus amigos o no. Quieres llevarte bien con todos, ¿verdad que sí? Sé que anhelas tener paz y alegría en tu vida, pero déjame decirte que con la forma en que estás eligiendo vivir, no llegaras muy lejos. Necesitas saber y entender que, si deseas que las personas sean cordiales contigo, tienes que ser cordial con ellas. Así es como funciona. Claro está que siempre habrá excepciones, pero generalmente, para recibir, primero tienes que dar todas esas cosas que estás pidiendo que te den. Lo siento, pero no hay otra manera, a menos que te encuentres con gente que ya han encontrado la Fuente. Verás, esas pocas personas te aceptarán tal y como eres—incondicionalmente. Pero aparte de ellos, los demás te voltearán la espalda porque a nadie le gusta la gente grosera e irrespetuosa. Ninguno se siente cómodo al ser tratado con rudeza e indiferencia. ¿Acaso, a ti te gusta?

Lily pensó — Está bien, está bien. ¡Ya entendí! ¿Qué quiere de mí?

Tony — Se le llenaron los ojos de lágrimas. Sabía que no había sido muy amable con ciertas personas. Aceptaba que era arrogante (uno de los atributos del ego) y que esperaba mucho de los demás; que hicieran y se comportaran de acuerdo a su manera de pensar. No había estado dispuesta a condescender. Al contrario, estaba enojada y como las personas no llenaban sus expectativas, con facilidad la sacaban de quicio. No estaba contenta de ser así..., pero a pesar de eso, esa era su forma de ser. Por eso es que andaba buscando a Sabiduría para trascender su ignorancia, y ya, solo con eso, tenía ganada la mitad de la batalla.

Paciencia se conmovió cuando vio lágrimas en sus ojos. Se inclinó hacia adelante en el sillón y abrió los brazos. Lily se sentó en su regazo y se acurrucó.

Paciencia — Está bien, llora tranquila, llora todo lo que quieras. Sé que duele. Aquí estoy, sácalo todo, anda, sácalo todo.

Tony — Lily lloraba sin cesar en los brazos de Paciencia quien le acariciaba dulcemente la espalda hasta que se quedó dormida en un abrazo que la sostenía de una manera maravillosa y poco familiar.

La veía dormida en sus brazos, parecía una niña acabando de encontrar un lugar seguro donde descansar. La meció por un buen rato, viéndola con amor y compasión.

Paciencia — ¡Esto es bueno, muy bueno! Las lágrimas limpian el alma. Te estás acercando más y más a la Fuente, y tu quebrantado corazón muy pronto será restaurado.

Tony — Yo era una persona muy impaciente, me irritaba fácilmente y me molestaba con las personas o por cualquier cosa. Sabía que algo dentro de mí tenía que cambiar (una nueva perspectiva). Tuve que aprender que la paciencia es una cualidad del alma que tiene que ser practicada. Con frecuencia, tenía que recordarme que tenía que relajarme. Me repetía constantemente: «Tony, se paciente». Increíblemente, después de un tiempo, cuando empecé a conectarme con mi interior, empecé a notar un cambio en mi actitud. Me estaba convirtiendo en una persona paciente. ¡Sin esfuerzo! Me di cuenta de que no vale la pena sulfurarse por las cosas pequeñas de la vida porque cuando lo hacemos, nos separamos de la Fuente (de nosotros mismos).

La paz no puede mantenerse por la fuerza; solo se puede lograr mediante la comprensión.

Albert Einstein

Tony	La mañana estaba tan helada, que el frío calaba hasta los huesos. Lily observó el cielo nublado desde la ventana. Incluso, dentro de su habitación, podía sentirlo, pues se filtraba a través de los cristales. Una ola de melancolía y tristeza la invadió. Seguía pensando en la conversación que sostuvo con Paciencia. Estaba decepcionada de saber que el camino para ver la luz al final de túnel aún era muy largo.
Lily pensó	Tengo un largo camino por recorrer...
Tony	Dejó las lágrimas correr. No se había dado cuenta de que tenía compañía. Esperanza estaba parada frente a ella, sonriéndole con un rostro placentero, libre de preocupación.
Esperanza	¿Te sientes desconsolada? No, no te sientas así. Aquí estoy para ti. Te voy a acompañar, y cómo te he dicho antes, cada vez que me necesites, aquí estaré para sostenerte. ¡Apóyate en mí!
Lily	¡Ay! Esperanza, me alegro de verla. No sé qué hacer.
Esperanza	No es tan difícil como crees. Lo que tienes que hacer es tratar a los demás como quieres que te traten. ¿Sabes? ¡Esa es la fórmula! Si quieres amor, tienes que aprender a dar amor. Si quieres que la gente sea gentil contigo, tienes que aprender a ser gentil con ellos. Si quieres respeto, aprende a respetar. Si quieres que te entiendan, aprende a comunicarte y entender a otros. Si quieres que se te escuchen tienes que aprender a hablar y hacerte escuchar. En otras palabras, tienes que estar dispuesta a dar todas esas cosas que deseas recibir. ¡Piénsalo! ¿Cómo puedes esperar que alguien sea cortés y gentil contigo, cuando te comportas tan grosera? ¿Cómo puedes esperar que te entiendan cuando no estás dispuesta a poner de tu parte para entender a otros? ¿Cómo puedes pedir que te acepten, si lo que haces es exigir a los demás? No es

mi deseo imponerte lo que tienes que hacer, pero suéltalo ya. No sirve. Las cosas no funcionan así.

Tony — Y es muy cierto que las cosas no funcionan de esa manera. Es verdad que la mayoría de las personas, incluyéndome, deseamos recibir, pero no estamos dispuestos a dar lo mismo que pedimos. ¿No les parece extraño? Exigimos a las personas que nos traten con amabilidad y gentileza, pero algunos de nosotros no somos recíprocos. ¿Estoy malentendiendo algo en este escenario? ¿Qué es los qué nos pasa? ¿Acaso no nos hemos dado cuenta de la alegría que nos produce el ser gentiles y amables con las personas? Por experiencia propia, sé que la gentileza y la amabilidad nos brindan placer y gratificación, porque son bellos sentimientos que se originan en el espíritu. Pueden surgir muy fácilmente en nuestro interior cuando estamos dispuestos a dejarlos emanar. La gentileza produce un equilibrio perfecto dentro de nosotros cuando se permite que fluya libremente.

Lily — Lo sé, Esperanza. Lo sé. Pero es sumamente difícil, respondió, con una expresión de queja en su rostro.

Esperanza — La dificultad depende más que todo, en lo que quieres. Si deseas tener buenas relaciones, tienes que estar dispuesta a dar el primer paso, pero hasta el día de hoy, no lo has hecho. Recuerda el dicho: «Si siempre haces lo que siempre has hecho, siempre vas a obtener lo que siempre has obtenido». El conocimiento no te sirve de nada querida; poner las cosas en práctica es lo que hace la diferencia.

Tony — Esperanza se sentó en el sillón y suavemente la jaló para que se sentara junto a ella. Viéndola fijamente a los ojos y tratando de llegar a su corazón. El tono de su voz se convirtió en un susurro.

Esperanza — Te estás escondiendo detrás de tus paredes porque no quieres que te hagan daño. Tienes miedo de abrirte a las personas porque erróneamente crees que ellas tienen el poder de herirte. No lo tienen. Tú les das ese poder. ¡Piénsalo!

Tony	Esperanza le dio una afectuosa palmada en el hombro.
Esperanza	¡Alégrate! Hace un hermoso día, aunque esté frío. Ve y disfrútalo. No permitas que el clima dicte lo que harás hoy. Hay belleza en todo lugar. Podrás verla si la buscas.
Tony	Lily se secó las lágrimas. Se sentía mucho mejor. Definitivamente Esperanza le había levantado el ánimo.
Lily pensó	Qué gran tesoro el haber encontrado a Esperanza, qué gran amiga es...
Tony	Se dio un baño y se arregló para salir a disfrutar del día. Abrió las cortinas y la ventana. El sol ya había salido y la temperatura se sentía lo suficientemente agradable como para salir a dar una vuelta. Aun así, se cubrió con la pesada ropa de invierno y se puso sus botas pues la nieve se había acumulado a lo largo de las aceras.
	Bajó las escaleras y se encontró con el joven de la recepción. Él se agachó como buscando algo, sin duda para evitarla. Lily se sentía mal pues sabía muy bien que había sido bastante grosera con él y ella no estaba acostumbrada a pedir disculpas. De repente, escuchó las palabras de Esperanza resonándole en la cabeza: «Si siempre haces lo que siempre has hecho, siempre vas a obtener lo que siempre has obtenido. El conocimiento no te sirve de nada querida, poner las cosas en práctica es lo que hace la diferencia». También escuchó la voz de Conciencia que le decía: «Lily, ¡le debes una disculpa!». Sí, así es, admitió, dejando exhalar un fuerte suspiro.
	Se dirigió a la recepción. El joven la vio y cortésmente le preguntó:
Recepcionista	¿En qué le puedo servir, señorita?
Lily	¿Cuál es su nombre?
Recepcionista	«Marcelo», le contestó.
Lily	Marcelo, dijo humildemente, quisiera pedirle disculpas por la forma como lo traté anoche. Lo siento

mucho, fui muy grosera. No me sentía muy bien y desquité mi mal humor en usted. Espero me perdone.

Marcelo — Gracias, señorita. Acepto su disculpa.

Tony — Lily notó que se sentía muy bien con ella misma.

Lily pensó — Este sí que fue un gran pasó para mí.

Lily — Gracias Marcelo.

Tony — Una sonrisa genuinamente cálida se dibujó en el rostro de ella al alejarse de la recepción. Salió del hotel y paseó por la ciudad. Las calles estaban bastante llenas de todo tipo de gente. Algunos la saludaban, pero la mayoría no. Parecían tener prisa. ¿Acaso ella era invisible para ellos? No se tomaron el tiempo para ser corteses y considerados. Era tal y como ella estaba acostumbrada a proceder con los demás.

Lily pensó — Así es como la gente es, supongo. Siempre estamos muy ocupados con nuestros asuntos

Tony — Paciencia y Esperanza dijeron que dependía de ella mejorar sus relaciones con los demás. Ella estaba dispuesta a tratar. Quería aprender más de las personas, quería ampliar su capacidad de entender a los seres humanos; tan complicados y conflictivos. Siguió caminando por un buen rato, observando a la gente que pasaba a su lado. La mayoría se veían serios, como si estuvieran atrapados en su interior. Después de un largo trecho, se fatigó. Llegó a un parque lleno de personas y decidió descansar unos minutos. Se sentó en una de las bancas y por primera vez en siglos, observó que poseía una perspectiva diferente (un cambio de consciencia). Se sentó a observarlos cuidadosamente. Vio a una mamá sosteniendo a su bebé en brazos—allí estaba Amor. Otra mujer le daba un pan al hambriento—allí estaba Compasión. Un joven ayudaba a un anciano a cruzar la calle—allí estaba Gentileza. Dos niñas jugaban en los columpios—allí estaba Amistad. Un hombre se deleitaba del hermoso día—allí estaba Alegría.

«Buenos días señorita, ¿me puedo sentar?», le preguntó un anciano. Al principio, Lily no supo que responder. Esta era una oportunidad para hacer algo diferente—una nueva manera de actuar hacia otra persona. Estaba dispuesta a darse una oportunidad.

Lily — Por supuesto que sí. Siéntese, por favor.

El Anciano — ¡Gracias! Hermoso día, ¿verdad?

Lily — Si. Así es. Permítame presentarme. Me llamo Lily.

El Anciano — «Mi nombre es Entendimiento. ¿Qué haces aquí?».

Lily — Solo estoy observando a las personas.

Entendimiento — A mí me encantan, pero la mayor parte del tiempo, me dan mucha pena.

Lily — ¿Por qué siente lástima por la gente?

Entendimiento — Porque no saben relacionarse unos con otros; cómo amar o cómo dar. Aman con condición. La mayoría quiere que se les entienda, pero no hacen nada para entender a otros.

Tony — Yo era uno de ellos. Deseaba que las personas me entendieran, pero no ponía nada de mi parte para entenderlas. Pero un día fui ¡iluminado! Me di cuenta que para tener relaciones significativas y una buena comunicación con los demás, primero tengo que tratar de entender a otros en lugar de estar esperando que siempre me entiendan a mí. Eso hizo una diferencia increíble. Desde entonces, he puesto en práctica este conocimiento, y mis relaciones interpersonales han mejorado muchísimo.

Lily — Bueno, y ¿no podría ser porque no confiamos unos en los otros?

Entendimiento — ¿Y porque no confían?

Lily — No sé. Supongo que cuando uno se siente lastimado, quiere mantenerte alejado. Ha sido mi experiencia que cuando he dado y amado, me han rechazado y abandonado.

Entendimiento — Sí. Muchos piensan igual que tú. Ese es el problema. Generalmente, las personas tienen miedo a ser traicionadas, golpeadas, y rechazadas, y por eso, muy pocas están dispuestas a correr el riesgo.

Lily	¿Y por qué habría de exponerme a una situación donde sé que nuevamente me van a herir?
Entendimiento	¿Y cómo sabes que te van a herir?
Lily	Porque...
Entendimiento	¿Por qué...? No te entiendo, explícate.
Lily	Porque así es la gente. Te hieren, te usan y si uno es amable y bueno, se aprovechan.
Entendimiento	¿Con qué así es como te sientes? ¿Es eso lo que le haces tú a otros? ¿Así es como te comportas?
Lily	No, claro que no, pero así es cómo la gente se comporta con los demás.
Entendimiento	¡Ay! Lily, las cosas no siempre son así. También hay gente muy amable. Si te detienes a ver, te darás cuenta de que la mayoría de las personas son cordiales. ¿Sabes qué es lo que te pasa? Que piensas de esa manera porque cuando das algo, estas esperando algo a cambio. Necesitas aprender a desprenderte de tus propias expectativas y no esperar tanto de los demás. Las personas sólo dan lo que pueden y no lo que quieres. De igual forma, tu sólo das lo que puedes dar. Si recuerdas esto, entonces podrás dar más libremente y recibir de la misma manera.
Lily	¿Y eso cómo funciona?
Entendimiento	Las expectativas que tienes de otros son la causa de tu dolor. Te encarcelan. ¿Entiendes? En otras palabras, si aceptas a las personas tal como son, también te puedes aceptar tal como eres..., y eso, te liberará. Ten presente que solamente puedes ser libre cuando le permites la libertad a los demás.
Lily	¿Podría ser más específico, por favor?
Entendimiento	Las personas están atrapadas, y aunque no se confían mutuamente, dependen uno del otro y se poseen entre sí (codependencia).
Lily	Eso no se lo entendí muy bien. Todos dependemos uno del otro para todo tipo de cosas ¿no es verdad?

Entendimiento Me refiero a la dependencia sicológica y emocional. Sí estás dependiendo de otro ser humano para ser feliz, pronto estarás exigiendo que los demás contribuyan a la realización de tus sueños y de tu bienestar. No puedes vivir la vida esperando que otros te hagan feliz. Las personas no tienen ese don. Así como tú tampoco lo tienes como para vivir tu vida basada en las expectativas que otros tienen de ti, solamente para poder caer bien o para que te acepten y te amen. Esa clase de aceptación es condicionada y trae consigo un yugo que sofoca.

Tony Esa fue una lección muy importante para mí. Tuve que aprender a liberarme de las cadenas que conlleva la codependencia. Me di cuenta que mis temores estaban ligados a esa esclavitud, causados por la errónea creencia que otra persona es la Fuente de mi felicidad y autoestima. Tuve que entender que mi bienestar no depende de nadie más que de mí y sólo yo puedo valorarme y aprobarme

Entendimiento Lo único que puedes hacer por los demás es amarlos—amarlos incondicionalmente.

Lily ¡Por favor! ¿Quién puede hacer eso? Nadie puede amar de esa manera, le dijo, con incredulidad.

Entendimiento Estás en lo cierto. Nadie puede amar de esa manera si tratan de hacerlo por sus propios medios.

Lily Ahora..., ¿qué es lo que quiere decir?

Tony Se estaba impacientando ya que, desde su punto de vista, amar incondicionalmente era imposible.

Entendimiento A lo que me refiero es que nadie es capaz de amar incondicionalmente, a menos que haya encontrado la Fuente (tu propio amor).

Tony Eso es cierto. Sin Entendimiento y Sabiduría, nadie es capaz de amar incondicionalmente. Por experiencia, sé que se puede emanar amor puro directamente de ella. Pero antes de poder hacerlo, necesitaba entenderla. Para mí, el amor incondicional, significa aceptar a las personas tal y como son, con sus cualidades y defectos y no tomarme a pecho su comportamiento. Esta es una lección bastante difícil de aprender. Es más, todavía sigo tratando de aplicarla. Me he dado cuenta de que funciona, por lo menos para mí, cuando me abstengo de juzgar o engancharme con la otra persona. Encuentro libertad cuando acepto lo que la gente me puede dar, y como resultado, me siento libre de dar lo que puedo. Es agradable sentirse así. Todos los espejismos que tenía de las personas y de mí, se están debilitando mientras sigo caminando en el sendero del crecimiento espiritual.

Tony — Entendimiento podía verlo todo. Él sabía que Lily estaba buscando llenar el vacío de su corazón. Él podía ver que ella deseaba sentirse completa.

Entendimiento — Me parece que estás en busca de la Fuente.

Lily — Sí, así es. He venido desde muy lejos y he recorrido un largo camino buscándola. He encontrado varias partes de la Fuente que me están ayudando a encontrarme con ella, pero todavía no lo he logrado. Por casualidad, ¿sabe cómo llegar?

Entendimiento — Claro que lo sé. Soy parte de ella al igual que todos los demás personajes que has conocido. La Fuente nos ha enviado directamente para asistirte. Te sugiero que nos escuches. Estamos aquí para ayudarte a encontrar el camino. Sigue adelante. Te estás acercando más y más. Estaré contigo. ¿Recuerdas lo que te dijo Conciencia?

Lily — Me dijo tantas cosas, ¿a cuál se refiere exactamente?

Entendimiento — Te dijo que es la voz de la Fuente, ¿te acuerdas de eso?

Lily — Sí, sí me acuerdo.

Entendimiento — Bueno, pues yo soy los ojos de la Fuente. Soy quien te ayudará a ver—a ver la belleza que te rodea. Hay belleza y esplendor en todos los lugares y personas. La Fuente te está preparando para que lo puedas ver.

Lily — Ha sido un camino tan largo. Estoy impaciente por encontrarla. Me estoy haciendo consciente de que todo lo que necesito para apagar la sed de mi alma se encuentra allí.

Entendimiento — Sí, así es. La Fuente es la luz del alma (el pan diario de cada día). Es el agua que apaga la sed. Ya estás muy cerca, ¡muy cerca!

Lily — Pero..., si estoy tan cerca, ¿por qué tengo esta pesadez en el alma?

Entendimiento — ¿Te has puesto a pensar en Perdón? Usualmente, cuando una persona siente esa pesadez, es porque lleva rencor en el alma. Puede ser en contra de otra persona o hasta en contra de ti misma. ¿Has considerado eso?

Lily — Sí, sí lo he pensado, pero no he logrado escaparme del magnetismo que ejerce sobre mí el resentimiento y la culpa.

Tony — Recordó las palabras de Perdón: «Lily, cuando no perdonas de corazón, te haces más daño a ti misma que a los demás».

Entendimiento — Te sigues escondiendo detrás de tus muros. Tienes miedo de salir porque piensas que las personas tienen el poder para herirte. No lo tienen. Ya te lo he dicho. No hay una sola persona en la faz de la tierra que tenga el poder de hacerte infeliz o de perturbar tu paz, pero debido a tu actual falta de visión interior y comprensión, todavía crees que, si perdonas, te expondrás a ser lastimado de nuevo. Por eso es que inconscientemente has decidido que es más seguro no perdonar y usas la ira y el resentimiento como escudo. Pero déjame decirte, que al perdonar a los demás, te beneficiará más a ti que a ellos. ¿Deseas vivir el resto de tus días sintiendo esa pesadez?

Tony — Lily empezó a entender la importancia de Perdón. Estaba claro que tenía que perdonar, y que no se nos olvide, tenía también que pedir que la perdonaran. Ella había herido a otros de la misma manera que la habían herido a ella.

En la quietud de su alma, Lily exclamó:

Lily exclamó	Perdón, Perdón, por favor ven y habita en mi corazón. ¡Te necesito!
Tony	Entendimiento la vio con ternura, y le dijo:
Entendimiento	Cuando Perdón habite en tu corazón, te sentirás como una nueva persona. Te lo aseguro.
Lily	Pero, ¿cómo puedo perdonar?
Entendimiento	La Fuente hará posible que elijas el perdón. Perdonas cuando ya no estás dispuesta a proporcionar un lugar en tu mente al rencor y al resentimiento.
Lily	Podría ser un poco más explícito, por favor.
Entendimiento	Cuando te encuentres con la Fuente, serás transformada. Es un cambio que se dará dentro de ti; un nuevo corazón. Este cambio te permitirá perdonar y entender el propósito de tu vida.
Lily	Y, ¿cuál es el propósito de mi vida?
Entendimiento	El hambre que tienes por la comida espiritual, hace que el propósito de tu vida sea encontrar la Fuente y experimentar el verdadero amor—ese amor que no puede entenderse con la lógica y la razón.
Lily	¿Es igual con todas las personas?
Entendimiento	No estamos hablando de todas las personas, estamos hablando de ti. Pero si, es igual para todos, pero en la plenitud del tiempo.
Lily	¿En la que plenitud del tiempo? ¿Qué quiere decir con eso?
Entendimiento	Cuando los pedazos del rompecabezas de la vida encajan en su lugar
Lily	¡Está bien! Entiendo. Pero, ¿dónde está la Fuente? ¿Dónde está Sabiduría?
Entendimiento	La Fuente y Sabiduría son una sola.
Lily	Pero, ¿dónde la encuentro?
Entendimiento	Lo sabrás. Se te manifestará. Sabiduría dice: «Si me buscas con todo tu corazón, me encontrarás». ¿La estás buscando con todo tu corazón?
Lily	Si. Creo que sí...

Entendimiento	Entonces, ni te apures. Se te revelará en el momento oportuno.
Lily	¿Qué quiere decir con «el momento oportuno?».
Entendimiento	¡Cuando estés preparada a experimentarla! Pero siempre recuérdate que ella nunca llega ni antes ni después. Siempre está a tiempo.
Tony	Empezaba a obscurecer. Lily vio su reloj y se dio cuenta que ya tenía que irse.
Lily	Se está haciendo tarde. Fue un placer platicar con usted. Gracias por todos sus consejos y sugerencias. Definitivamente los recordaré.
Entendimiento	No solo los recuerdes, aplícalos a tu vida y verás la diferencia. Nada cambiará a menos que tengas la disposición de observar tus pensamientos y tú proceder. Cuando estés verdaderamente harta de sufrir como para dejar ir tus rencores y resentimientos, el cambio se dará. Ninguno cambia hasta que llega ese momento. Eres parte de algo maravilloso, algo de lo que todavía no entiendes, pero te estás acercando más y más. Comparado al día en que empezaste el camino espiritual, hoy tienes más conocimiento, visión, y poder. Siempre recuérdalo y no permitas que nadie, incluyéndote, te diga lo contrario.
Tony	Entendimiento, al igual que todos los demás personajes que Lily había conocido hasta ese momento, le había expresado lo que ella ya sabía en un profundo rincón de su corazón, pero que aún no había logrado comprender. No obstante, se está acercando a la Fuente y cuando llegue, todos los pedazos del rompecabezas de su vida encajarán.

Capítulo Cinco: La Ciudad de la Religión

Miré en los templos, iglesias, y mezquitas. Pero me di cuenta que lo Divino está dentro de mi corazón.

Rumi

Tony

Lily admitió que había aprendido bastante en las tres ciudades que había visitado anteriormente. Trataba de poner en práctica los consejos y sugerencias que había recibido. Muchas veces obtuvo los resultados deseados, muchas veces no. El conocimiento recién adquirido, le estaba ayudando a tomar decisiones más acertadas para alcanzar su fin (la paz). Sus relaciones interpersonales habían mejorado y las expectativas que tenía de otros y de sí misma..., disminuido. Sin embargo, todavía no había hecho el vínculo con la Fuente, y, por lo tanto, el dolor de su corazón y la sed de su alma no habían cesado. Estaba tratando de entender lógicamente las cosas del espíritu usando la lógica y la razón para comprender lo que le sucedía. Analizaba a más no poder cada situación, sin aceptar que hay misterios en la vida que no se pueden entender con la mente humana (sólo se entienden con la mente divina). La verdad es que todavía no se había percatado que, para poder conectarse con la Fuente, necesitaba depender del espíritu para que la guiara, le enseñara y le diera valor para cambiar.

Puedo entender a Lily. Yo también perdí mucho tiempo tratando de encontrar una explicación lógica a todas las cosas. Creía que, si podía entender con la razón las cosas del alma, sería capaz de establecer la conexión con la Fuente. ¡Me equivoqué! Los asuntos del alma solo pueden entenderse en el alma. La razón y la lógica son grandes barreras que se interponen en el camino al reino espiritual (al descubrimiento de uno mismo). A un principio, no lo podía creer o aceptar, pero basado en lo que he aprendido y experimentado, puedo decir, sin temor a equivocarme, que todos aquellos que logran ir más allá del intelecto, son capaces de hacer la conexión y sentir la presencia del amor, de la paz y experimentar un júbilo que el ego no puede comprender.

«Sube más alto Lily», le susurró una dulce y suave voz en lo más profundo de su alma. Se detuvo a escuchar. «Sube más alto, Lily. Te estoy esperando». No supo que responder.

Lily pensó — Seguramente es solo mi imaginación.

Tony — Se dirigió a la estación para tomar el siguiente tren. Partiría hasta la media noche, en cinco horas. Se sentó en la sala de estar, tomó una revista y trató de leer. Saludó a una joven que se sentó a su lado y siguió leyendo.

La joven se volvió a verla, y dijo: «Has llevado un intenso dolor en el corazón desde hace mucho tiempo».

Lily levantó las cejas sorprendida.

Lily pensó — ¿Y, ella cómo sabe eso?

Tony — Estaba desconcertada. Tal fue su susto que solamente se le quedó viendo sin poder emitir palabra.

La Joven — Llevas un dolor en el corazón desde que tenías quince años, le aseguró.

Lily pensó — La escuché bien la primera vez. Lo que quiero saber es ¿cómo lo sabe?

Tony — La joven aparentaba unos veinticinco años de edad, pero daba la impresión de ser más grande..., no físicamente, sino que en su madurez espiritual.

La Joven — Mi nombre es Débora. Y tú, ¿cómo te llamas?

Lily — Lily, contestó fríamente sin querer entablar una conversación.

Lily pensó — Si usted sabe de mi dolor, ¿entonces por qué no sabe mi nombre?

Débora ¿Sabes por qué llevas ese dolor en el alma?

Tony Lily no supo otra vez qué responder, la había tomado de sorpresa. Lo único que pudo hacer fue poner su grueso muro y se le quedó viendo sin emitir palabra.

Débora Tienes ese dolor en el alma porque necesitas de la oración en tu vida.

Lily No necesito de ninguna oración, le contestó agresivamente.

Débora Sí, si la necesitas.

Tony Uno de los grandes problemas que tenía era que no creía en la oración. En el pasado, había rezado mucho, muchísimo, pero según ella, sus oraciones nunca fueron escuchadas. Por lo tanto, se enojó con Dios (como les pasa a muchos). Desde su punto de vista, le había fallado. Antes de emprender la búsqueda, le había pedido que le sanara las profundas heridas, pero no había acudido a rescatarla, o por lo menos, así lo veía. La fe que tuvo de niña se había esfumado y no la podía recobrar. Se enfrentaba sola a las pruebas de la vida. Sentía que no tenía un lugar en donde encontrar refugio. El otro problema que tenía, era que quería controlarlo todo y creía que una vez aprendiera a manejar su propio poder (ego), encontraría la Fuente. Un gran error de pensamiento, porque la Fuente no puede encontrarse en una mente donde el ego (la voz de la locura) es quien manda.

Hace algún tiempo, yo tampoco entendía. Pero hoy, entiendo un poco más. De lo que Lily todavía no se había percatado, es que el deseo de su corazón, de estar en unión con Dios, había propiciado el encuentro con Débora como respuesta a sus oraciones. Ya hemos escuchado que uno de sus problemas era que quería controlarlo todo, incluyendo a Dios, me imagino. Yo también lo hice así. Terminé bastante decepcionado porque esperaba que usara su varita mágica e hiciera lo que le pedía. Lloré lágrimas de sangre. Pero aprendí que las cosas no funcionan de esa manera y que no llegaría muy lejos con esa actitud. Empecé a aprender y a entender quién es Dios, o al menos, quién es para mí. Qué diferencia hizo descubrir la verdad de que mora en mí (y en todos). Llegar a aceptar que Él y nosotros somos Uno, no es fácil de digerir porque estamos programados a creer lo contario, que hay separación y de que Dios está afuera de nosotros. Necesitamos de nuestra divinidad para poder entender estos misterios. Dios es la Fuente de donde emana la sabiduría necesaria para vivir un día a la vez. Lily llegará a ese lugar. Eventualmente, se percatará de que el dolor de su alma es porque le hace falta la experiencia de la presencia (la esencia) en su corazón. Eso fue lo que me pasó a mí y por eso es que lo sé.

Lily — ¿Va a hablarme de Dios y de Jesús?

Débora — Me gustaría poder hacerlo.

Lily — Muchas gracias, pero no estoy interesada. Lastimosamente, ya no creo ni en uno ni en el otro.

Tony — Pero Lily no decía la verdad. Nunca dejó de creer en algo más grande que ella, pero no se daba permiso a dejarlo ser por miedo a lo que para ella constituía un rechazo. Se disculpó por no seguir con la conversación. Lily tenía miedo de que Débora tratara de convertirla. Se puso de pie, agarró sus pertenencias y empezó a alejarse. Débora la sostuvo del brazo por un momento. La vio directamente a los ojos y le dijo con firmeza:

Débora — Tú y yo nos volveremos a encontrar, porque Dios quiere sanarte.

Lily pensó — ¡Sí cómo no! Ni me lo diga porque no le creo. Lo único que quiero es irme de aquí.

Lily — Por favor déjeme sola, le pidió.

Débora — No puedo abandonar a un alma en pena, le respondió con un serio semblante. Puedo ayudarte. Por favor, permíteme ayudarte.

Lily — No necesito su ayuda, le contestó altanera y se marchó.

Tony — Hace un par de años, Sam y yo fuimos de vacaciones. Deseábamos pasar unos días en silencio..., rodeados de la naturaleza. Un día, cuando contemplábamos un bello paisaje, noté que Sam se puso muy serio; absorto en su pensamiento. Se volvió para verme y observé que tenía una mirada muy profunda.

Sam — Tony, ¿En dónde encuentran los hombres que no conocen a Dios el consuelo para apaciguar el dolor de sus almas? ¿En dónde crees que encuentran el valor para enfrentarse a las duras pruebas y angustias del camino? ¿Cómo pueden los hombres entregarse a Dios sí no lo conocen verdaderamente? Con lo último de la tecnología, se han hecho grandes avances en casi todas las áreas de nuestras vidas..., pero, ¿hemos llegado a conocer a Dios? ¿Hemos llegado a ese lugar de entrega total donde podemos descansar en el conocimiento; en la certeza de que su presencia se encuentra dentro de lo más profundo de nuestro ser? Tony, nosotros podemos tener todas esas cosas que el mundo ofrece, pero sin el conocimiento ni la consciencia de que el espíritu de Dios mora en nuestro corazón, no tenemos nada, porque nos sentimos vacíos y perdidos sin un lugar a donde ir a refugiarnos. Es precisamente el espíritu en nosotros, quién guía cada paso y nos libera del miedo.

Lily caminaba sin rumbo por toda la estación del tren, tratando de sacar de su mente a Débora. No importaba a donde fuera, no podía olvidar ese encuentro. Había en ella un sentimiento insistente que le decía que escuchara lo que tenía que decirle.

Lily pensó — ¡Ay! No. Esas son tonterías. No creo que el espíritu se comunica con la gente de esa forma. Esto es demasiado absurdo e ilógico.

Tony — El tren finalmente llegó a la estación. Lily se subió y mantuvo los ojos abiertos buscando a Débora, pero no la encontró por ningún lado.

Lily pensó — ¡Ay! ¡Qué bueno! Qué alivio.

Tony	El tren iba lleno. Lily encontró un asiento vacío en el último vagón. Se sentó y siguió pensando en Débora. No podía superar lo extraño de la experiencia.
Lily pensó	¿Quién era esa mujer? ¿Cómo sabía de mi dolor? Este tipo de cosas no pasan en el mundo real. ¿Cuál será el significado?
Tony	Ya estaba obscuro y lo único que Lily podía ver eran las luces que brillaban a través de las ventanas de las casas que estaban a lo largo del camino. Después de un rato, se quedó dormida.
	«Damas y caballeros», anunció el inspector del tren. BIENVENIDOS A LA CIUDAD DE LA RELIGION.
	Lily no podía creer lo que estaba escuchando. Seguramente se había equivocado de tren, ella no planeaba ir a la Ciudad de la Religión.
Lily	Disculpe, señor, le dijo al inspector. Mi destino es la Ciudad del Espíritu.
Inspector	¡Ay!, señorita, entonces se equivocó de tren.
Lily	Eso es imposible.
Inspector	Pues no, no lo es. Estamos en la Ciudad de la Religión.
Lily	¿A qué hora sale el tren para la Ciudad del Espíritu?
Inspector	No lo sé. Hubo una fuerte avalancha y los caminos están bloqueados de nieve. Es posible que nos quedemos aquí por una semana.
Lily	¿Una semana? ¡No puede estar hablando en serio! Yo ni siquiera quiero estar aquí por una hora. Obviamente no deseo quedarme por tanto tiempo.
Inspector	Lo siento mucho. No hay nada que pueda hacer contra un acto de la naturaleza. Tendrá tenga algo que aprender aquí, le dijo cuando Lily bajaba del tren.
Lily pensó	¡Ay, no! ¿Qué voy a hacer? Este es uno de los lugares donde no deseo estar.
Tony	Lily Había tenido muy malas experiencias con la religión en el pasado. Le habían infundido miedo y temor. En esta ciudad creían que Dios era un juez que

estaba listo a darle con el látigo y castigarla en el infierno si no se comportaba de la manera como la iglesia lo disponía. Sentía miedo y ansiedad con el concepto que las personas religiosas de su vida tenían de Dios y tomó la decisión de no ser parte de ese concepto.

Lily se alejó de la estación con una gran pesadez en el alma. Por una inexplicable razón, el dolor aumentó a un nivel donde ya no era soportable (estaba tocando fondo). Caminó hacia el centro de la ciudad, en busca de un lugar donde quedarse. Después de un rato, encontró un pequeño hotel donde decidió alojarse. Dejó la valija en el cuarto y se fue a la lavandería a la vuelta de la esquina a lavar la ropa sucia y mientras esperaba a que estuviera lista, se entretuvo leyendo un libro. Alguien entró. Lily levantó la mirada para ver quién era..., se quedó sin aliento; quiso esconderse..., era Débora.

Débora la notó, pero la ignoró. Lily se quedó helada, pero después de un rato, decidió acercársele.

Lily — Dijo que puede ayudarme. ¿Cómo puede hacerlo?

Débora — ..., rezando por ti.

Lily — Y eso..., ¿qué bien puede hacerme si yo no rezo por mí misma?

Débora — Pediré para que todos los obstáculos que están en tu camino sean removidos.

Lily — ¿Eso es todo?, le contestó con desconfianza.

Débora — No. También te ubicaré para que puedas entender quién es verdaderamente nuestro Creador.

Lily — Mmm..., no estoy segura..., pero, gracias de todas maneras y empezó a caminar de vuelta a su silla.

Débora — Antes de que te vayas, aquí está mi dirección en caso cambies de opinión.

Lily — Gracias, le respondió, aceptando el papel con la información.

Tony — Se despidieron y cada quien siguió su propio camino.

La Ciudad de la Religión era una ciudad muy grande. Había tantas iglesias por todos lados, algunas bastante lujosas que invitaban a los turistas a apreciar la fascinante arquitectura.

Lily pensó — Si la religión es tan buena para uno, ¿por qué hay tantas denominaciones?

Tony — Lily necesitaba tanto el alimento espiritual que decidió darle otra oportunidad a esta ciudad. Entró a una de las iglesias y pidió hablar con el pastor. Le pidieron que esperara a Bernardo, quien, por diecisiete años, había sido "consejero espiritual". Bernardo la invitó a pasar a su oficina. En un principio, se portó muy amable y sonriente. Ella se sentó frente a él y le empezó a exponer sus preguntas, las cuales no pudo responder. Bernardo, quien se decía ser un representante de Dios aquí en la tierra, era un hombre soberbio, arrogante y orgulloso. Cuando no supo responder a las preguntas de Lily, se puso a la defensiva y se comportó bastante grosero—sin amor. Él asumió que Lily lo estaba desafiando, pero esa no era la intención de ella. Lo único que estaba haciendo era expresando lo qué había en su corazón—sus dudas y deseo de encontrar respuestas. Bernardo se quedó corto y su comportamiento dejó mucho que desear, especialmente en alguien que buscaba a Dios. La ira (el ego) se apoderó de él y de forma bastante ofensiva le pidió que se marchara de su oficina inmediatamente.

Lily pensó — Tengo ganas de darle una bofetada. Si esto significa ser cristiano, muchísimas gracias, pero no gracias.

Tony — Lily se retiró llorando.

> Dios es un banquete, pero los consejeros como Bernardo, matan de hambre a la gente.

Lily pensó — ¿No se supone que Bernardo debería ser un pastor amoroso? ¿Acaso no andan predicando que Dios es amor? ¿Y…, entonces?

Tony — Antes de tomar la decisión de emprender su viaje de descubrimiento, Lily había tratado de encontrar las respuestas a través de la religión..., pero se decepcionó. No creía en los principios eclesiásticos. Jesús

	es el Señor y Salvador del mundo, predicaban. Había conocido muchas personas que decían tener su amor en sus corazones, pero no veía evidencia de ello en sus vidas. Observó gente en las iglesias levantando los brazos para alabar a Dios en el nombre de Jesús, pero al salir, sus corazones estaban llenos de juicio..., no todos, pero si muchos. Lily sentía que algo hacía falta en este lugar, pero no podía precisar con exactitud lo que era (la falta de amor).
Lily pensó	¡No creo en la religión! Estoy segura de que la religión les ayuda a muchos, y respeto su punto de vista, pero para mí, debe de haber otro camino para encontrar a Dios. No lo voy a encontrar aquí, de eso estoy segura, y simplemente, no deseo estar aquí. Está ciudad no alimenta mi alma, al contrario, me infunde miedo y culpa.
Tony	Como ya se dijo, su dolor era insoportable. Ya no sabía qué hacer. Había tratado de sanarse a sí misma, pero todo había sido en vano. Metió las manos en los bolsillos del abrigo para mantenerlas calientes pues hacía un intenso frío. Las lágrimas le corrían por el rostro. Había un papel en el bolsillo izquierdo.
Lily pensó	¿Qué es esto?
Lily	Sacó el papel y vio que era la dirección de Débora. Tomó el bus para ir a visitarla.
Lily pensó	Tal vez tenga razón. Tal vez ella pueda ayudarme. Veré qué es lo que tiene que decirme.
Tony	Lily tocó el timbre, Débora abrió y la invitó a pasar. Era una casa donde se respiraba armonía. No parecía sorprendida de verla. Era como que si la hubiera estado esperando. Lily se sentía incomoda y no sabía que decir...
Lily	Aquí estoy. Estoy abierta a escucharla..., pero le advierto, no voy a creer solamente porque lo dice usted. Si es cierto que Dios le habla, también tendrá que hablarme. No veo ninguna diferencia entre usted y yo.
Débora	Y así lo hará. Dios te hablará.

Lily — Pues ya veremos, porque hasta el momento, no lo ha hecho, expresó escéptica.

Tony — Débora la invitó a sentarse y Lily se sentó en el sofá cerca de la puerta de la entrada. El peso acumulado por los problemas del pasado con la religión, le hacía sentir una presión tan fuerte que parecía que el corazón le iba a explotar. Solo de pensar en donde estaba, la ponía nerviosa y la hacía temblar de pies a cabeza.

Débora le ofreció una taza de té. Luego se sentó a su par.

Débora — Escúchame, te diré algo en lo que quiero que reflexiones. No trataré de ninguna manera de forzarte a creer. Lo que haré, es compartir contigo lo que sé, lo que he aprendido y experimentado; lo que me ha servido para vivir en paz y descansar en la presencia. Si tú te beneficias con ello, pues, que bien, y si no, no pasa nada. Hay muchos caminos para llegar. Siempre recuerda esto: Dios no es un ser místico que se encuentra por allí en algún lugar. Él está dentro de ti.

Tony — Tomó la mano de Lily entre las suyas y le habló con dulzura.

Débora — ¿Entiendes lo que te estoy diciendo, querida? Dios es el proveedor de todo. Antes de que puedas experimentar una diferencia en tu vida, es importante que aprendas cinco cosas. Primera, amar a Dios por sobre todas las cosas. Segunda, confiarle con todo tu corazón. Tercera, saber que te conoce. Cuarta, aceptar que es verdad, que eres amada tal y como eres. Quinta, agradecer por lo bueno y por lo malo que te ha sucedido a lo largo de tu vida. El camino espiritual es un aprendizaje; un reentrenamiento mental. No sucede de la noche a la mañana, toma tiempo deshacerse de los falsos conceptos sobre la realidad.

Tony — Elijo creer que Dios, el Creador, es Amor Perfecto. Por lo tanto, no ve fallas en mí, ni en nadie. ¿Cómo podría el Amor Perfecto ver error? Este pensamiento me ha ayudado a liberarme de la culpa y del miedo.

Después de escuchar lo que Débora había dicho, Lily movió la cabeza con incredulidad. La moral se le vino abajo. Sabía que era incapaz de hacer lo que se le sugería. Cada palabra le hacía eco como que fuera una enorme piedra que caía en la profundidad del abismo de su corazón.

Lily — Eso es muy difícil de hacer. No creo poder amar y confiar en Dios con todo mi corazón y mi alma. ¿Acaso hay alguien que pueda hacerlo? Ya traté y me decepcionó. ¿Cómo puede alguien agradecerle por las cosas malas?

Lily pensó — No seré capaz de hacer eso. No puedo, es imposible.

Débora — Podrás agradecer cuando te des cuenta que no hay cosas malas, solamente las percibimos así. Pero, si te pones a pensar, no puede ser malo lo que nos ayuda a crecer en consciencia.

Tony — Lily permaneció en silencio. Algo en ella le decía que era verdad lo que Débora acababa de compartir y deseaba preguntar más.

Lily — ¿Cómo puede uno amar y confiar en Dios de esa manera? ¿Cómo puede uno amar y confiar si parece estar sordo a las necesidades de las personas? La reacción de Lily denotaba ira.

Débora — ¿Por qué estás tan enojada? Cuéntame, ¿por qué te sientes así?

Lily — ¿Por qué? Porque en muchas ocasiones he tratado de alcanzar a Dios y nunca he escuchado que me hable o responda mis oraciones. ¡Por eso!

Débora — Te hablará. Sólo tienes que aprender a ser paciente y quedarte en silencio para poder escuchar su voz.

Lily pensó — ¡Oh sí, eso es lo que dicen todos ustedes! Él te hablará..., Él te responderá..., pero nunca lo hace.

Débora — Estás equivocada con respecto a Dios. Lo que tienes es solamente un concepto, pero no lo conoces..., no has experimentando su Esencia (la presencia del amor), por eso hablas así.

Lily ¡Disculpe! ¿Qué quiere decir con eso de que no lo conozco? Me han predicado sobre Él toda mi vida, así que no me venga a decir que no lo conozco.

Tony Lily estaba furiosa. La ira era uno de los más grandes obstáculos que tenía en su mente. A través de las enseñanzas recibidas (aceptadas) a lo largo del trayecto, se estaba dando cuenta que no valía la pena, pero como todavía estaba en el proceso de eliminar las falsas creencias (el reentrenamiento mental), no pudo evitar que mostrara su rostro.

Débora No lo conoces. Solo has escuchado hablar de Él, pero no sabes quién Es. Te ayudaré a encontrarlo.

Lily Y, ¿cómo hará eso? Un rayo de esperanza se plasmó sobre su rostro.

Tony Débora sonrió con ternura, cómo que si supiera algo que haría toda la diferencia.

Débora Para esto tendrás que confiar en mí. Si te digo lo que voy a hacer, no lo comprenderás. No quiero correr el riesgo de que te alejes otra vez de Dios. Sólo confía en mí. Regresa a visitarme, puedo ayudarte a entender. Pero antes de que lo puedas concebir, necesitas estar parada en tierra firme. Tu corazón necesita alivio y tu ira tiene que disiparse.

Tony La habitación se quedó en silencio. Le estaba dando la oportunidad de asimilar lo que le había dicho.

Débora Dios (el amor divino en cada uno) te ha traído a mí. Como te dije antes, quiere sanar tu quebrantado corazón..., y solamente el amor que sobrepasa todo entendimiento humano, puede hacerlo. No ignores su llamado, es el llamado de tu propio corazón..., para regalarte a ti misma ese amor que tanto deseas. Acepta la invitación con todo tu corazón y toda tu alma, y entonces..., estarás dispuesta a soltar; a dejar ir las memorias dolorosas del pasado y el terrible temor al futuro. Así mismo, estarás dispuesta a liberarte de la vida vacía que has estado viviendo; esperando que el mundo te la llene.

Tony Lily sintió un desvanecimiento. Se sopló la cara con la mano para poder respirar mejor. El sudor le corría por la espalda. No creía en el amor de Dios porque nunca lo había experimentado, al contrario, lo que había sentido era miedo y culpa.

Lily — Es que no lo creo, Débora. Yo quisiera creer, pero no puedo.

Débora — Tal vez, solo tal vez, tienes miedo de creer.

Lily — No creo en Dios de la manera como me lo han definido. Lo siento, pero no se me da así.

Lily pensó — ¿Qué puedo decir? Si no creo, no creo. ¿Qué quiere que haga? ¿Quiere que me imponga creer en Dios? ¡No opino que así sea la cosa!

Débora — Yo tampoco lo creo así. Estoy de acuerdo contigo. La manera como se ha interpretado su existencia, es verdaderamente aterradora. Pero quiero que dejes por un lado todos tus prejuicios acerca de Dios y que observes de que no te estoy hablando del concepto. Te estoy hablando de su amor. Ese amor es la fuerza dentro de ti. Cuando entiendas, te darás cuenta de que es lo único que vale la pena para los seres humanos. El amor de Dios (no el amor emocional o físico) nos satisface completamente. Si no tienes amor en tu mente y en tu corazón, no tienes nada Lily..., nada que perdure, porque el amor y la paz del mundo, son efímeros.

Si no cambias de dirección,
puedes terminar en el mismo lugar.

Lao Tzu

Tony — Débora la invitó a que llegara a visitarla con frecuencia y se ofreció a asesorarla. Lily aceptó.

En la siguiente visita, Débora invitó a un amigo, un hombre mayor llamado Leo. Pensó que él poseía la llave para tocar el corazón a Lily.

Pasaron horas de horas hablando de Dios. Lily estaba impresionada con Leo. Por fuera, vestía de forma modesta: un saco azul, una camisa blanca, pantalón de corduroy café; y por dentro, vestía amor, comprensión, gentileza y paciencia. Lily lo observó por un largo rato. No podía quitarle los ojos de encima. Era un hombre tan dulce. Sus ojos azules reflejaban un alma llena de paz. Cuando hablaba, la hacía sentirse aceptada y comprendida; le daba atención y paciencia, y definitivamente, no emitía ninguna clase de juicio con respecto a ella.

Lily pensó — Yo deseo lo que él tiene.

Tony — Leo se sintió atraído espiritualmente a Lily. Supo, sin ninguna duda, que era divinamente guiado a compartir y transmitir el amor incondicional con ella.

Leo — Escúchame bien, Lily. Dios es un Dios de gran amor. Esa barrera que llevas dentro, que bloquea la corriente de su amor, se removerá. En cuanto captes la presencia de la luz interior, empezarás a deshacerte de todas esas creencias que te esconden su existencia.

Lily — ¿Cómo puedo empezar a captar esa luz?

Leo — Empiezas cuando te enfrentas a tus conceptos erróneos y te deshaces de las ideas erradas que la gente religiosa te ha metido en la cabeza (de que Dios juzga, culpa y castiga).

Lily — Supongo que tengo mucho de eso en la mente.

Leo — Es muy difícil encontrar a Dios en la religión, porque es externa. Es una serie de dogmas y rituales inventados por el hombre. Tienen muy poco que ver con la verdadera esencia de lo que Dios es. El peligro de la religión es que los sacramentos se vuelven más importantes que el amor. Cumplir con los rituales toma precedencia sobre los seres humanos. Por el otro lado, la espiritualidad es ser consciente de lo que uno dice, piensa, hace, y actúa. Es reconocer que todos somos una extensión de Dios. Esto es importante saberlo para dejar de vivir basado en la ley de los hombres y empezar a hacerlo basado en la ley de Dios.

Lily — ¿Cuál es la ley de los hombres?

Leo — El miedo y la carencia.

Lily — Y..., ¿la ley de Dios?

Leo	El amor.
Tony	Lily escuchaba cada palabra con intensa atención.
Leo	La ley de Dios es simple y sencillamente eso. El amor. Su voluntad es que lo recordemos, pues nos hemos olvidado de Él (del Creador) y por eso es que estamos perdidos, porque si no sabemos quién Es, no tenemos idea de quiénes somos, de dónde venimos, ni a dónde vamos. Su objetivo, por así decirlo, es que experimentemos el amor que existe en Él para poder amarnos incondicionalmente a nosotros mismos y a los demás.
Tony	Débora, permanecía en silencio escuchando a Leo. Tenía algo que agregar y pidió la palabra.
Débora	Esa clase de amor se origina dentro. Dios es amor y su amor entrará en tu corazón, si tú se lo permites. Todo lo que tienes que hacer, es decir: «Esto es lo que quiero. Quiero ver y experimentar el amor de Dios».
Tony	Una mueca de incredulidad se desplegó en el rostro de Lily.
Lily	¡Ay, Débora!, si fuera así de fácil, todo el mundo estaría experimentando el amor de Dios, pero no es así.
Leo	Las personas tienen que abrirse para recibirlo, agregó.
Lily	He tratado de hacerlo, protestó, pero no me ha sido posible.
Leo	Deja de tratar. No lo lograrás. Mejor date por vencida.
Lily	Pero Leo..., ahora sí me ha confundido, me acaba de decir que los seres humanos tienen que estar dispuestos a abrir sus corazones.
Leo	Mira, cuando te das por vencida, cuando le entregas tu vida al amor, te abres a recibir. El amor puro y verdadero no es algo que puedas producir tu sola. Este tipo de amor es impartido por la presencia de Dios en ti.
Débora	Déjame agregar algo más. Llegará el día en que entiendas que Dios y el amor son lo mismo. También

entenderás el significado del amor incondicional. Sólo Dios puede amarte de esa manera. Escúchame, he estado en tu lugar. No cierres la puerta de tu corazón (queriendo entender con la razón). Cuando empieces a vislumbrar la verdad de que tu Creador te ama tal y como eres, empezarás a experimentar el descanso que se encuentra en los brazos del amor. Sube más alto, Lily. No tengas miedo de descubrirlo. Te garantizo que, si te entregas a Él (al amor incondicional) no te arrepentirás y no te desilusionaras.

Lily — Traté de confiar en Dios y me decepcioné, porque sentí que no me correspondió. Eso fue muy doloroso—un dolor que no quiero volver a experimentar. Me temo que mi corazón no se recuperaría si vuelvo a experimentar el rechazo.

Leo — De la misma manera que el cielo está arriba de la tierra, los designios de Dios están arriba de los nuestros. El principio básico de como Dios se relaciona con los hombres, no se encuentra en la razón o en la lógica, si no más bien, es una revelación del espíritu. Mientras más nos acercamos a Dios, nos damos cuenta que su espíritu se acerca más a nosotros. Su voluntad es que cada uno lo conozca—que recordemos su verdadera naturaleza.

En lo profundo del alma, existe una constante búsqueda por la verdad, y te aseguro que, si la buscas con sinceridad, la encontraras, pero si tratas de hacerlo con la comprensión de tu propia mente (limitada con la razón y la lógica) no la encontrarás. Si te entregas con la simplicidad que se entrega un niño a sus padres, descubrirás que las respuestas te llegan directamente de tu propio corazón.

Acércate, le pidió. Permíteme sostenerte entre mis brazos.

Tony — Lily se movió hacía la orilla de la silla y Leo la abrazó lleno de ternura. Ella sentía sus brazos que amorosamente la entrelazaban.

Leo — ¿Puedes sentir el amor en mi corazón por ti?

Lily — ¡Ay sí! Es algo asombroso.

Leo — Es el amor de Dios a través de mí corazón y es el abrazo de Dios a través de mis brazos. Él se manifiesta de muchas formas. Algunas veces, de una forma sobrenatural, o metafísica, como lo fue tu encuentro con Débora. Otras veces, es a través de la belleza de su creación, como los bellos paisajes que nadie más pudo haber creado. Su espíritu nos toca a través del sonido de la música o a través de una hermosa obra de arte. Pero más que nada, revela su presencia—su esencia—a través de nosotros. Por eso es tan importante que le abramos nuestros corazones, porque desea llenarnos de ese amor incondicional para otros y para nosotros mismos. Como seres humanos, no podemos amar de esa manera. Solo Dios puede amar así, y nos usa como un instrumento para extender ese amor. No cuestiono si Dios es real y verdadero, solo acepto que lo es, solo recibo su amor sin dudarlo. ¿Podrías buscar ese lugar dentro de ti, Lily?

Tony — Lily cerró los ojos. Una sensación de consuelo y protección la invadió. No estaba segura de lo que estaba pasando, pero por alguna razón, se sentía protegida, amada y comprendida.

Lily — Por favor compartan conmigo más de lo que saben y han experimentado, les pidió a ambos secándose un par de lágrimas.

Tony — Leo sonrío al ver su interés y entusiasmo. Le enterneció ver su inocencia.

Leo — Hay mucho que compartir, pero hoy por hoy, es suficiente. Medita en lo que escuchaste y anota cualquier pregunta que surja de esta nueva manera de ver las cosas.

Tony — La invitaron a regresar en tres días y quedaron de verse en el restaurante de la esquina al medio día. Les expresó su agradecimiento, se despidió de ellos y prometió volver.

La casa de Débora no estaba lejos del hotel y decidió irse caminado pues aún estaba claro, quedaba una hora para que cayera el sol; tiempo suficiente para llegar antes del obscurecer. Iba tranquila. Sabía que había encontrado un mentor en Leo y agradeció el encuentro con Débora.

Tres días después, Lily llegó puntual al restaurante. Leo ya la esperaba. Débora no pudo asistir, algo inesperado se le presentó que le impidió hacerlo. Después de ordenar el almuerzo, Leo empezó la conversación.

Leo — ¿Cómo has estado, Lily?

Lily — Muy bien, gracias. Me siento diferente; ¿sabe?, más liviana. Tengo esperanza de que, con su ayuda, voy a llegar a la Fuente. Pero, cuénteme más. Quiero escuchar lo que tiene que decir.

Leo — Dios es el espíritu que vive dentro de ti. Es nuestro Creador. Es quien está tocando a la puerta de tu corazón para llenarte con su presencia, lo cual es el Amor mismo.

Lily — Muy bien, Leo, lo escucho. Pero, si todos pudiéramos abrirle el corazón a Dios, lo haríamos. ¿Quién quiere vivir en la oscuridad? ¡Nadie! Entonces, lo que estoy alcanzando a entender es que no sabemos cómo abrirle la puerta porque nos han dicho tantas cosas distintas al respeto, que estamos confundidos. En lo particular, no creo que sea justo que Dios espere que le abramos la puerta cuando ni siquiera lo conocemos. ¿Cómo podemos acercarnos con confianza, si todo lo que escuchamos es que castiga y juzga? ¿Quién quiere eso? No creo que tenga que llegar a Dios por miedo. ¿O sí?

Leo — No. Creo que sólo podemos llegar cuando reconocemos su existencia y llegamos con el corazón abierto, dispuestos a tirar la carga que hemos estado albergando en lo profundo de nuestros corazones. Dios ya sabe lo que necesitamos soltar, pero desea que nosotros también lo reconozcamos y que nos demos cuenta de lo que hemos atesorado en nuestra vida con nuestros pensamientos y creencias. Cuando nos abrimos a aceptar que nos hemos equivocado, empezamos a recobrar el sano juicio y principiamos a ver a Dios (nuestro verdadero Ser) de otra manera: como al mejor de los amigos. Es una experiencia personal, cada uno lo vive de diferente manera, y cuando vemos a nuestro Creador como a un amigo, nuestra vida se hace más fácil y podemos tener la abundancia espiritual.

Lily La abundancia espiritual es un nuevo concepto para mí. ¿Qué significa?

Leo Significa que Dios es suficiente. Que puedes descansar en Él. Dios no es una vana filosofía—no es un dogma, ni un credo, ni tampoco una profesión vacía, sino que es un ser viviente—omnipotente. Es el centro del amor y el manantial de la esperanza para nosotros los seres humanos.

Lily Pero yo no veo eso en la mayoría de las personas.

Leo ¡Lo sé! Y estoy de acuerdo contigo. Las personas no conocen a Dios. Él tiene tanto que darnos, pero estamos ciegos. El mundo está controlado por las leyes de los hombres. La mayoría no tienen una relación personal con el Creador de su existencia porque le tienen miedo. Pero es precisamente esa relación la que hace la diferencia.

Lily ¿A qué se refiere cuando dice que el mundo está controlado por la ley de los hombres?

Leo Lo que quiero decir es que la mayoría de las personas están más preocupadas en seguir los dogmas y los rituales de la iglesia, que tener una relación personal con Dios. Las multitudes están siguiendo la doctrina en lugar de seguir al espíritu. Muchos están morando en la iglesia hecha por el hombre en lugar de morar en Dios, quien es la verdadera iglesia.

Lily Y, ¿cómo puedo tener una relación personal con Dios? preguntó finalmente.

Leo Bueno, lo invitas a vivir en tu corazón y en tu mente.

Lily He conocido mucha gente quienes lo han invitado a vivir en sus corazones, sin embargo, no veo la vida en abundancia de la que habla. No los veo descansar en Dios.

Leo Lo sé, y me duele el corazón por ello. La gente no tiene abundancia espiritual porque no están dispuestos a dejar que Dios tome las riendas de sus vidas.

Solamente cuando las personas permiten que la voluntad de Dios (que es lo mejor para uno) guíe sus vidas, es cuando pueden descansar verdaderamente. Hay mucha gente que lo busca solamente porque tienen terror de irse eternamente al infierno. Hay otros que lo han buscado porque creen que, si están con Él, todo les saldrá bien—todos los planes que se han trazado saldrán de acuerdo a lo que ellos quieren. La mayoría lo buscan solo cuando necesitan algo—cuando se les enredan las cosas. Pero son muy pocos, los que están dispuestos a incluirlo en sus vidas y a seguir su guía, para ser encauzados por esa mano invisible que lo prepara todo para nuestro bien.

Tony — Lily se le quedó viendo fijamente. Le hablaba con conocimiento y sabiduría.

Lily pensó — Parece que Leo entiende muy bien el significado de Dios. Lo puedo ver a través del amor y gentileza que moran en su espíritu.

Tony — Lily identificó lo que lo hacía diferente del resto. Leo manifestaba la naturaleza de Dios. Su vida demostraba amor, gentileza, paz, sabiduría y entendimiento.

Lily pensó — Eso es exactamente lo que ando buscando.

Tony — Ahora estaba abierta a escuchar la sabiduría que Leo había adquirido a lo largo de su camino. Estaba dispuesta a aceptar sus enseñanzas, porque ella lo deseaba para sí misma. Él era la persona más sabía que había conocido. Decidió que recibiría con gusto todo lo que él pudiera compartir y se sentía libre de preguntarle sobre todas sus dudas. Leo, nunca, nunca la regañaba o emitía juicios sobre ella—nunca. ¡Qué hombre tan amoroso era! Lily se sentía feliz de que él se hubiera convertido en su mentor, porque a través de su propio ejemplo, le estaba enseñando el camino al corazón de Dios.

> He tenido el privilegio de descubrir que el morar en Dios es encontrar la seguridad y el descanso que mi alma ha buscado ardiente-mente. Pude ver, con los ojos del espíritu, que en este mundo no tengo un lugar seguro donde poder descansar,

pero tengo uno en su reino, aquí y ahora. Él es amor. Quien mora en el amor, mora en Dios y Dios en él. Fue muy difícil para mí aceptar este amor porque literalmente sobrepasa el entendimiento humano. El espíritu es quien nos lo revela. Pero hoy, después de un largo caminar, puedo sentir que estoy total-mente inmerso en el amor de Dios y sé que las aguas que me sostienen son las aguas de mi consciencia.

Lily pensó — Desde lo más profundo de mi corazón, deseo que algún día todos nos sintamos como Leo—quien parece permanecer en el círculo del amor constantemente; a salvo dentro de sí mismo en cada momento.

Teme a Dios, sí, pero no le tengas miedo.

J.A. Spender

Tony — Se quedaron en el restaurante, almorzaron y después, Leo ofreció acompañarla y caminaron por las calles de la ciudad conversando sobre el tema.

Leo — Lily, necesitas mucho de Dios, pero tus pensamientos y creencias te apartan de Él.

Lily — Bueno, eso es porque—sin querer faltarle el respeto a ninguno—pero..., no siento en la mayoría de las personas que dicen tener a Dios en sus vidas, la misma actitud amorosa que emana de usted. No es mi intención ofender a nadie. Pero así es cómo me siento.

Leo — Sé exactamente a lo que te refieres. A mí también me pasó lo mismo. Pero no puedes permitir que la ignorancia de las personas sea un tropiezo que te impida conocer la verdadera esencia de Dios y que sean un obstáculo para tu propio despertar. ¡No lo permitas! No dejes que el aparente atraso y la falta de visión de otros te roben tus propias bendiciones. No tienen intención de dañarte. Al igual que tú, están haciendo lo mejor que pueden. Todo el mundo lleva su propia carga.

Lily — Estoy escuchando Leo, pero debo confesarle algo. A mí me daría mucha vergüenza que otros pensaran de mí de la manera como yo pienso de algunas personas que dicen amar a Dios o que dicen representarlo aquí en la tierra.

Leo ¿Cómo así, Lily? ¿Puedes decirme como te sientes hacia ellos?

Lily Bueno..., pues..., usted sabe..., predican, pero no se convierten y juzgan a otros sin ver sus propios defectos.

Leo Comprendo cómo te sientes, pero no tienes control sobre cómo actúan los demás. Como ya te dije, no puedes permitir que las personas interfieran en tu camino hacía tu encuentro con Dios. Ésta es tu vida y solamente tú puedes escoger llegar a Él. Tienes que estar dispuesta a buscar las respuestas que le hablen a tu corazón y dejar de juzgar a Dios basándote en las carencias de otros. Lo que buscas, lo buscas para ti y no para complacer a nadie más.

Tony Esa me resultó una lección no fácil de aprender; una pastilla difícil de tragar. Al igual que Lily, me sentía desencantado con las personas religiosas en mi vida. A pesar de ello, tuve que entender mi error en condenar a los demás simple y sencillamente porque no se comportaban de acuerdo a mis expectativas. Sabiendo que el camino espiritual va a diferente velocidad para cada quien, era un gran error de mi parte medir a otros con mi propia vara. Pero hoy sé que no puedo juzgar lo que Dios está obrando en la mente de los demás. No sé cuanta luz y revelación ha caído en sus caminos.

Lily Hay algo más que me inquieta. Basándome en lo que he visto y escuchado, seguir a Dios puede ser bastante devastador. Él podría mandarme a trabajar como misionera a algún rincón del mundo..., yo no quisiera hacer eso. O tal vez me pida ir de puerta en puerta a predicar el evangelio. Todo esto me resulta muy difícil. Y, además, todo lo que uno hace parece ser pecado. De acuerdo a los que dicen conocerlo, significa dejar de gozar de los placeres de la vida. ¡Voy a tener que dejar de vivir! De lo contrario, dicen que se me sentenciará y Dios borrará mi nombre de su lista.

Tony — No se ustedes, pero yo, no puedo aceptar, desde ningún punto de vista, esa enseñanza, porque no es verdad. Dios no sentencia ni borra a nadie de ninguna lista. Dios es amor, y el amor, no puede condenar.

Leo — La vida nunca te dará algo que no puedas manejar. Los misioneros no están sufriendo al servir a Dios, al contrario, lo disfrutan porque para eso es que se les ha llamado. Por eso es que lo pueden hacer con amor porque Dios se los imparte. Es un honor estar a su servicio. Si Él quisiera que fueras misionera, te pondría el deseo en tu corazón y te dotaría del amor para hacerlo. De no ser así, lo único que eso significa, es que tu misión es hacer algo más. ¡Así de simple! Por el otro lado, Dios no quiere que prediques el evangelio, ¡Él quiere que lo vivas!

Lily — Eso es exactamente a lo que me refiero. Yo no creo poder vivir esa vida perfecta descrita por quienes la predican.

Tony — Lily se sentía incomoda.

Lily — Cometo muchos errores y tengo muchísimos defectos de carácter.

Leo — Todos los tenemos, Lily. Lo que debemos de saber con convicción, es que Dios es amor incondicional y no está viendo tus defectos, Él mira tu corazón y tu inocencia. Todo lo que Dios quiere es que aprendas a amarte con ese amor incondicional que vive en ti. Así es como tenemos que amarnos a nosotros mismos, porque solamente de esa manera, podremos amar a nuestro prójimo. Es así de simple.

Lily pensó — ¡A mi no me parece nada simple!

Leo — Ahora, consideremos tu otra inquietud. Te puedo decir que, porque todavía no conoces a Dios personalmente, en este momento no puedes entender qué, es precisamente cuando Él vive en ti que empiezas verdaderamente a vivir. Uno no deja de disfrutar de los placeres de la vida, pero eso sí, uno encuentra un equilibrio y la sabiduría para discernir.

Lily — No entiendo exactamente a lo que se refiere.

Leo — Hay ciertos placeres que, si llegan a tener el control de tu vida y de tu voluntad, te causarán daño. Cuando llegas a entablar una relación personal con Dios, tu mente se renueva. Su presencia dentro de ti, te dará la fortaleza para soltar cualquier poder que esté controlando tu vida. Con Él vivirás guiada por su amor y encontrarás equilibrio para no ser dominada por las debilidades corporales.

Tony — ¡Lily estaba absorta!

Lily — Está bien, he escuchado lo que me ha dicho y me parece muy inspirador, pero, aun así, no creo que Dios vaya a hacer algo por mí. Creo que todo lo tengo que hacer yo. Y dudo que en un abrir y cerrar de ojos, remueva el dolor de mi corazón y me dé la fortaleza para encontrar ese equilibrio del que me habla. Me gustaría creer, pero no creo. Mejor dicho, si creo, pero con la mente, pero no lo siento en el corazón. ¿Qué más le puedo decir?

Leo — No hay nada que Dios no pueda hacer. Nada le es imposible. Puede sanar cualquier corazón y entrar en cada vida que lo reciba (libre albedrio). La esperanza de las almas sedientas se encuentra en Él, no en dogmas o credos, o en una comprensión mental. Se encuentra en la revelación del espíritu, quien vive en cada corazón, pero sólo se manifiesta en el de aquellos que lo desean (tarde o temprano todos lo desearan).

Cuando lo invites a vivir en tu corazón, el espíritu se manifestará, te guiará, te enseñará y te consolará. Cuando aceptamos que es así, hay libertad—una completa liberación de toda cadena terrenal y de la esclavitud que hemos creado para nosotros mismos a través de pensamientos y creencias sin fundamento, y falsas expectativas. Pero esta libertad—esta liberación, descansa en el conocimiento personal de quién es Dios verdaderamente en ti, y quién ere tú en Él.

Lily ¿Qué es lo que debo hacer para conocerlo verdaderamente?

Leo Abrir tu corazón a la mente de Dios que ya está en ti, entonces llegarás a ser consciente de la presencia del espíritu (la voz de Dios), quien ya está produciendo un cambio interno en ti. Si no fuera así, no estaríamos aquí. Camina con el espíritu, Lily, deja que te muestre el camino. Invítalo a ser el pan diario de cada día y te aseguro que experimentaras el descanso divino. Pero eso sí, tiene que ser de corazón, porque del diente al labio, nada funciona.

Lily ¿Por qué debo invitarlo? Sí Dios es todo poderoso, ¿por qué no puede solamente entrar?

Leo Porque tienes libre albedrío y, por lo tanto, tienes que escoger dejarlo emanar en ti. Es entonces cuando estarás dispuesta a escuchar su voz y la relación entre tú y Él empezará.

Atrévete a ser sabio. ¡Empieza! Quién pospone la hora de vivir correctamente, es como el rústico que espera a que el río se seque antes de atravesarlo.

Horacio

Tony Llegaron al hotel. Se despidieron y quedaron de volverse a reunir para seguir conversando. Habían platicado por un largo rato, ella le había confiado sus más íntimos pensamientos y dudas. Él había compartido cosas sobre Dios, especialmente sobre su amor. Eso la habían llenado de esperanza. Anhelaba ese amor, deseaba sentirlo, ansiaba verlo con los ojos del alma. Se percató que se sentía diferente, más liviana aún.

Durmió profundamente. Estaba tranquila. Leo y Débora la habían inyectado con esperanza.

Amaneció lista para seguir aprendiendo sobre las cosas de Dios.

Los días estaba aún helados, pero el frio empezaba a bajar. La nieve ya casi había desaparecido, solamente quedaban algunos residuos desperdigados. Lily se asomó a la ventana y el cielo azul con tenues nubes la invitó a salir. Sintió grandes deseos de caminar y meditar sobre las enseñanzas de Leo. Tenía que admitir que se sentía muy a gusto con la manera como él le hablaba.

Se arregló y salió del hotel rumbo a la estación del tren. Ya había pasado una semana. La nieve acumulada por la avalancha se había derretido y los trenes estaban listos para seguir con sus rutas.

Lily penó

Leo dijo que la sabiduría se encuentra en Dios porque Él es el origen de la misma. Dijo que el amor, la paz, la esperanza, la paciencia, el perdón y el control propio, son atributos del amor.

¡Ay, Dios mío! Ojalá y algún día pueda verte de la manera en que Leo te ve.

Tony

Lily exhaló un suspiro de nostalgia. Sentía el deseo de conocer a Dios a un nivel personal y como ya hemos dicho, tenía la necesidad de experimentarlo.

> ¿Saben una cosa? Creer en Dios es maravilloso, pero sentir su esencia, es mucho mejor. Hay una gran diferencia entre creer y vivir la experiencia. Los días de esclavitud van muy pronto a terminar para Lily. Una vez le permita a Dios (al Dios de su propio entendimiento) a vivir en su corazón, empezará la más hermosa relación que haya conocido. Llegará a conocerlo bien; como a un amigo, y podrá caminar y hablar con Él abiertamente. El espíritu le impartirá la fe que mueve montañas. Una vez lo acepte así, podrá amarse y será capaz de confiar en ella misma, en sus dones..., y como resultado, elegirá salir del círculo del miedo y entrar al círculo del amor en donde se encuentra la libertad y el descanso que busca.

Llegó a la estación y le informaron que el tren para la Ciudad del Espíritu salía al día siguiente al atardecer. Se emocionó. Tenía muchos deseos de llegar a esa ciudad. Con el corazón lleno de esperanza e incertidumbre, siguió paseando por los alrededores de la ciudad. Aunque no entendía muy bien la emoción que sentía, la Ciudad de la Religión ya no le parecía tan pesada porque se estaba dando permiso de salir de allí y al mismo tiempo, estaba respetando el deseo de quienes se quisieran quedar. Empezaba a aceptar que cada quien tiene su propio camino..., y que cada uno está donde tiene que estar.

Pasó un agradable día en la ciudad y a las 6 de la tarde se reunió con Leo a cenar. Estaba tan contenta de volverlo a ver. Tenía tantas preguntas que hacerle. Él la esperaba en una mesa al fondo del restaurante. Cuando la vio, le sonrió.

Lily pensó	Dios mío, gracias por haber puesto a Leo en mi camino.
Leo	Buenas noches, Lily. Me alegro mucho de verte.
Lily	¡Ay Leo!, el placer es mío. Fui a dar un paseo por la ciudad y paré en la estación. El tren que va a la Ciudad del Espíritu sale mañana al atardecer. Me gustaría tanto que pudiera venir conmigo.
Leo	Iré contigo.
Tony	La respuesta de Leo era evidencia de que él también había pensado en seguir el camino con ella. El corazón de Lily palpitó de alegría.
Lily	¿Vendrá conmigo?, preguntó con miedo de haberlo malinterpretado.
Leo	Sí, iré contigo.
Lily	¿Por qué se toma esa molestia?, le preguntó asombrada.
Leo	Porque estoy aquí para ayudarte a encontrar el camino. Se me ha escogido para que te lleve al corazón de Dios. Él te está hablando a través de mí. Soy solamente un instrumento. Debes saber que me da mucho placer ser quien te tome la mano y te lleve a ese lugar al cual pertenecemos, y tarde o temprano, todos llegaremos allí, pero hoy, es tu momento de entrar.
Lily	¡Ay! Leo, deseo tanto el roce de la mano de Dios. Anhelo tanto su paz y amor que me duele más que nunca no experimentarlo todavía.

Lily Pensó	A pesar de todo lo que he aprendido, aún siento una dosis de escepticismo (resistencia). Pero seguiré adelante. No claudicaré. Si Leo posee la convicción y la fe de Dios, yo también la tendré.

Capítulo Seis: La Ciudad del Espíritu

El mayor placer de la vida es hacer lo que la gente dice que no puedes hacer.

Walter Bagehot

Tony	Lily se levantó emocionada. Estaba deseando emprender el camino a la Ciudad del Espíritu. Se arregló y preparó su equipaje para salir del hotel temprano y tener tiempo para ir a despedirse de Débora. Se fue caminando tranquilamente observando los alrededores y disfrutando de la templada mañana. Tocó a la puerta con alegría. Se recordó de la primera vez..., cuando tocó llena de miedo. ¡Pero ya no era así! Débora abrió y la recibió encantada. La invitó a pasar y se sentaron a conversar un rato.
Lily	Vine a despedirme y a darle las gracias por la guía que me dio y por haber invitado a Leo. El tren a la Ciudad del Espíritu sale hoy a las seis y no deseaba irme sin venir a decirle adiós personalmente.
Débora	Gracias, Lily. Fue un gusto conocerte. Déjame decirte que veo un cambio en ti. Te veo tranquila. Puedo ver que Leo ha sido capaz de inspirarte. Lo sabía, por eso fue que lo invité.
Lily	Si, efectivamente, Leo ha sido una bendición y le cuento que me va a acompañar a la Ciudad del Espíritu.
Débora	Me alegro tanto por ti, Lily. No tengo duda de que encontrarás lo que andas buscando. Las puertas de mi casa estarán siempre abiertas para ti.
Lily	¿Hay algunas últimas palabras que quisiera decirme?
Débora	Todo llega a su debido tiempo. Déjate llevar. Es mucho más fácil así.

Tony

Se levantaron del sillón. Débora se disculpó por un momento. Al rato, regreso con una bolsa llena de comida para que Lily llevara en el tren. Lily la abrazo con cariño y gratitud. Àl salir por la puerta, se volvió para ver a Débora una vez más. Sostuvieron la mirada por un breve momento y no hubo necesidad de más palabras. Se retiró con una sensación de satisfacción; una emoción no familiar pero que se sentía agradable.

Se fue rumbo a la estación del tren. Al llegar, se dio cuenta de que estaba llena, la gente andaba por todos lados. Se detuvo un momento para observar a esas almas sin dirección. Le hicieron recordar su propia experiencia. Recordó el día que llegó a la estación por primera vez (con su valija llena de caprichos y temores), sin saber a dónde ir. Pero ahora, era diferente. Sabía exactamente a donde se dirigía.

Iba a encontrarse con la Fuente, afirmó Tony.

Había llegado a la estación antes de la hora prevista. Se quedó cerca de la puerta esperando a Leo. Se entretuvo viendo las bellas fotografías de la naturaleza que se desplegaban en las paredes. Eran tan bellos los paisajes que hacían reflexionar a las personas. Era como que si intencionalmente estuvieran puestas allí para preparar a la gente a empezar el próximo trayecto con el corazón abierto.

Leo llegó a tiempo y se subieron al tren que iba a salir en breve. En esta oportunidad, Lily notó a las personas que iban en el tren. No podía creer lo que veían sus ojos: Pablo y Rita estaban allí.

¿Se acuerdan? Ellos eran quienes Lily conoció cuando se dirigía a la Ciudad de la Convivencia. Los que la ignoraron y a quienes ella juzgó de groseros.

Lily pudo darse cuenta de lo equivocada que había estado con respecto a Pablo y Rita. Estaba claro que al igual que ella, ellos también estaban sedientos del amor de Dios. Se les quedó viendo y les sonrió. Ellos le devolvieron la sonrisa. Lily sintió grandes deseos de hablarles pues ya no se sentía enojada con la gente.

Todo lo contrario. Se había dado cuenta que las personas se necesitan mutuamente para darse apoyo (sin codependencia emocional) y aprender uno del otro. Se les acercó sin pena, Leo la siguió y ella se presentó. Pablo y Rita respondieron con amabilidad y los invitaron a sentarse frente a ellos para poder conversar.

«¿A dónde van?», preguntaron al mismo tiempo.

Lily ¡Vamos a la Ciudad del Espíritu! Allí es donde vive Dios—la Fuente que he estado buscando por mucho tiempo y voy a encontrarme con ella, dijo emocionada como una niña.

Tony Pablo y Rita se sonrieron y tomaron turnos para hablar.

Pablo ¡Nosotros también! Pero no solo vamos a visitar, sino que nos estamos mudando para allí.

Rita Nos hemos dado cuenta de que deseamos estar donde Dios está. Al principio, no queríamos dejar la Ciudad de la Tentación; por sus placeres...

Pablo Pero déjenme decirles, aunque encontramos grandes delicias allí, no estábamos completos, no nos sentíamos satisfechos..., siempre deseando más y más porque nada es suficiente en esa ciudad..., allí se vive con un gran vacío que nada de lo que ofrece, lo puede llenar. En esa ciudad, no encontramos serenidad ni armonía. Algunas veces, nos dio felicidad, pero aprendimos que la felicidad del mundo, es algo que podemos tener hoy y perder mañana. La serenidad y la armonía son el producto de estar conscientes de que Dios está en nuestro corazón, y el saber esto, nos permite mantenernos serenos en medio de los temblores emocionales que experimentamos en el proceso del despertar.

Lily ¿Despertar? ¿Qué quieres decir?

Pablo Tenemos que despertar a la realización de que el Reino de Dios esta verdaderamente dentro de nosotros. Muchos, lo saben en sus mentes, pero no en sus corazones.

Lily — Mmmm, soy una de ellas, supongo.

Pablo — ¿Has experimentado la presencia de Dios en tu corazón?

Lily — No, todavía no, le contestó volviéndose a ver a Leo quien estaba calmadamente sentado a la par escuchando la conversación.

Pablo — Y, ¿qué te detiene?

Tony — La pregunta de Pablo fue directa.

Lily — Bueno..., creo que es porque todavía tengo muchas preguntas..., muchas dudas. Estoy buscando respuestas que tengan sentido para mí, de lo contrario, no creo llegar a tener una relación personal. Creo firmemente que, si uno no entiende lo que Dios significa, uno no puede experimentar su presencia. Quizás esté equivocada.

Pablo — Te comprendo. Me identifico contigo. La experiencia de conocer a Dios funciona de manera diferente para cada quien. En mí experiencia personal, necesito creer con convicción y esa convicción sólo me la puede dar el espíritu.

Lily — Gracias Pablo, agradezco tu comprensión. Como dijiste, yo también necesito creer con convicción. Me incomoda que me prediquen y que quieran convertirme.

Tony — Leo intervino en la conversación y dijo:

Leo — Estoy en total acuerdo con ustedes. Por experiencia propia les digo que hay cosas que no se pueden comprender. Hay misterios que nunca podrán ser revelados, a menos que se haya alcanzado la Unicidad.

Lily — ¿La Unicidad? Y, eso ¿qué quiere decir?

Leo — Significa reconocer que entre Dios y tú, no hay diferencia, no hay separación. Pero, llegar a entender esto, lleva su tiempo. Así que vamos despacio. Es mejor que no nos adelantemos.

El espíritu le revela a uno la verdad a medida que avanzamos en el camino. Todo es paso a paso. Las personas son libres de escoger lo que quieren creer, ese es su derecho. Pero nosotros, quienes creemos en Dios, de la manera cómo te lo he expuesto (de adentro para fuera), no estamos aquí para convertir a nadie..., no, para nada. Lo que deseamos es vivir nuestras vidas con convicción y demostrar el júbilo, la paz y la libertad que sentimos como resultado de estar conscientes de que el Ser Supremo mora dentro de nosotros. Lo único que hacemos es compartir nuestra experiencia con aquellos que deseen oírla..., como en tú caso. Queremos que vean en acción la serenidad que experimentamos y la manera como reaccionamos (sin pánico) a las circunstancias de nuestras vidas cuando los fuertes vientos azotan nuestras moradas. Estamos aquí para enseñarles, a través de nuestro propio ejemplo, la libertad que hemos encontrado en su presencia, para que puedan ver la esencia de Dios en nosotros y que así también sientan el deseo de querer tenerlo en sus vidas y en sus corazones. Eso es todo, no hay nada escondido.

Lily — Por eso es que me siento tan bien escuchándolo, Leo. Veo al espíritu en usted. La manera como vive su vida, es un testimonio que realmente está viviendo en Dios. Usted es gentil y amoroso, tiene una gran capacidad de entender a los demás. Cuando lo veo, me pongo a pensar que si usted, siendo simplemente un ser humano, puede poseer esa clase de amor y sabiduría, entonces Dios ha de ser majestuoso.

Leo — Y, sí que lo es. Pero déjenme aclararles algo. Es muy importante que lo sepan porque de eso depende su salvación. Nosotros no somos simplemente seres humanos. Somos seres humanos, con la Divinidad adentro. Cuando nos conectamos con nuestra Divinidad nos damos cuenta de que somos seres espirituales viviendo una experiencia humana.

Tony — Las palabras de Leo sonaban sinceras.

Lily — ¿Cómo puedo saber si Dios vive en mi corazón?

Leo — Lo puedes saber por los frutos del espíritu.

Lily — ¿Cuáles son los frutos del espíritu?

Leo — Amor, paz, perdón, certeza, discernimiento, entre otros.

Pablo — Parece que usted sabe mucho acerca de Dios.

Leo — ¡Oh, no! No sé mucho acerca de Dios. ¡Sé quién es! Esas son dos cosas totalmente diferentes, aclaró. Es algo maravilloso saber de la existencia de Dios, pero es mucho más dulce, conocerlo personalmente (sentirlo). Dios me ha tocado; me ha tocado el alma..., y cuando Dios toca a alguien de esa manera, uno siente el ferviente deseo de estar unido a Él y el deseo de recordar la Unicidad, se incrementa.

Tony — Lily se quedó reflexionando sobre lo que había escuchado decir a Leo. Se dio cuenta de que tenía el deseo de regresar a Dios (como el hijo pródigo). Estaba hambrienta por saber más acerca del espíritu (la voz de Dios).

Con los ojos húmedos y al mismo tiempo sonriendo jubilosamente, Tony se dirigió a la audiencia:

Tony — El espíritu la había inyectado con el deseo de aprender más sobre Dios. Lily ya no podía huir.

Rita estaba sentada frente a ellos y reconoció la sed en Lily. Podía verlo porque ella misma se había sentido así. Había experimentado el hambre y la necesidad de ser nutrida. Rita lo sabía. Había estado caminando de la mano del espíritu desde hacía un buen tiempo.

Rita — ¿Deseas saber la verdad? ¿Deseas poseer la verdad?

Lily — Sí, claro que sí. ¡Definitivamente!

Rita — Entonces te diré cómo hacerlo. Haz espacio para Dios y el espíritu te la revelará. No tienes porqué navegar a través de los laberintos de los credos, los dogmas y las doctrinas que te imponen por todos lados. Si de verdad deseas encontrar la Fuente, te puedo decir cómo hacerlo en tres palabras: Ven a Dios—no a un plan, no a un sistema, no a una idea, o a un hombre, sino que al Espíritu Santo.

Leo — Estoy de acuerdo con Rita, pero déjame agregar esto: Las religiones de hoy, han exaltado las enseñanzas, pero se han olvidado del Maestro. Se han consumido en predicar el credo y se han olvidado del Espíritu Santo que es el centro de nuestra fe y el corazón de nuestra experiencia. Muchas personas saben de la existencia de Dios, ¡pero no lo conocen! Yo era uno de ellos. Por mucho tiempo pensé que tenía a Dios en mi vida y si bien estaba cómodo, no me sentía lleno, no me sentía realizado. Ha sido mi experiencia que, para nosotros, quienes verdaderamente estamos buscando el descanso de nuestras almas, aquí y ahora, no nos sentiremos llenos hasta que Dios viva en nuestros corazones. Hoy, que reconozco que vive en mí, lo he llegado a conocer personalmente. Uno puede saber de Dios y seguir perdido, pero cuando aceptamos que vive dentro de nosotros y le entregamos las riendas de nuestra vida, entonces podemos decir que estamos a salvo. Eso es lo que significa la salvación—dejar de vivir en el infierno, aquí y ahora. Nos estamos quemando (con todas nuestras expectativas y carencias) por sentirnos separados de nuestro Creador, y por lo consiguiente, de nosotros mismos. Es ese pensamiento, esa creencia en la separación la que nos produce un tremendo miedo y nos hace refugiarnos en el ego. Estar a salvo es darse cuenta de la locura en la que vivimos y pedirle al Espíritu Santo que nos ayude a recobrar el sano juicio.

En nosotros está hacer el esfuerzo. El resultado está siempre en las manos de Dios.

Mohandas K. Gandhi

Después de un receso, menos de la mitad de la audiencia regresó a su asiento. Pero a Tony no le afectó. No era la primera vez. El era consciente de que las personas experimentan miedo cuando se toca el tema del crecimiento espiritual. La mayoría no quieren sanar. Son muy pocos los que realmente desean cambiar (despertar). Tony creía firmemente que cada persona tiene la libertad de escoger su propio camino y respetó la decisión de aquellos que no quisieron volver. Pero por el otro lado, estaba muy contento por los que decidieron regresar y continuó relatando la historia con mucho entusiasmo.

Lily — Tengo una pregunta, dijo Lily, buscando la mirada de Leo. ¿Cómo puede uno confiar en Dios? Yo he recurrido a Él con mis necesidades, pero no he recibido una respuesta clara. Es más, me parece que mientras más ayuda le pido, menos ayuda recibo. Mientras más lo invoco, menos me escucha. Y para ser sincera, debido a su silencio, me ha sido muy difícil creer y confiar.

Rita — Entiendo cómo te sientes. Yo también pasé por lo mismo. Le pedía a Dios que me diera las cosas que quería, pero nunca le pregunté sí esas cosas eran las que me convenían. Le pedía que derramara sus bendiciones sobre mis planes, pero nunca le pregunté sí mis planes eran lo mejor para mí.

Leo — Rita tiene razón. Dale a Dios la oportunidad de que te hable. El Espíritu Santo (la voz de Dios) quiere que le hables, pero también quiere que lo escuches. Frecuentemente, le hacemos muchas preguntas y peticiones, pero por lo general, nunca nos quedamos en silencio para escuchar la respuesta. En lugar de escuchar, nos disgustamos con Dios y lo culpamos por su silencio y por todo lo que pasa en el mundo (sin darnos cuenta que somos nosotros los que ocasionamos el daño, precisamente por creer en la separación). Nos sentimos defraudados porque no nos responde cuando queremos y como queremos. Como ya hemos escuchado, el tiempo de Dios no es nuestro tiempo. Siempre recuerda eso. Dios responde en su tiempo, no en el tuyo. Él nunca llega antes o después, siempre está a tiempo..., pero tenemos que esperar ese momento..., y eso, nos cuesta mucho, porque queremos los cambios y las respuestas inmediatamente.

Rita — He aprendido que cuando estamos conscientes de la existencia de Dios, podemos escucharlo, así como Él nos escucha. El espíritu tiene tantas cosas que decirnos, pero no siempre podemos entenderlas o aceptarlas. No podemos comprenderlas o digerirlas hasta que el propio espíritu nos las interpreta. Si escuchamos y le permitimos que nos enseñe, el día en que percibamos la vida con amor, llegará.

Leo — Si permitimos que Dios esté en el centro de nuestro corazón, nos daremos cuenta de que siempre ha estado allí. Lo que vemos y entendemos por nosotros mismos (ego) es muy limitado, pero cuando empezamos a ver con los ojos del amor (con los ojos del sano juicio), principiamos a comprender de una manera diferente; comenzamos a entender y a confiar en lo que proviene de nuestra propia divinidad.

Lily — Por favor, cuénteme más.

Leo — Cuando te des cuenta de la presencia de Dios en tu corazón, entenderás. Esas cosas que son incomprensibles a través del sermón y de la doctrina, serán comprendidas y aclaradas cuando te sientas llena del espíritu, que ya sabemos es la voz que habla por Dios. El sermón y la doctrina es el conocimiento. El sentirte llena del Espíritu Santo, es la experiencia. La experiencia es algo que empieza a brotar desde dentro, son las cosas que Dios nos pone en el corazón—cosas que no puedes describir a otros—que solo pertenecen a Él y a ti.

Tony — Lily cerró los ojos y elevó una oración.

Lily oró — Dios mío, estoy tan confundida. Tengo hambre y sed de ti. Deseo verte y conocerte. Abre los ojos de mi corazón. Ayúdame a entender quién eres, para entender quién soy. Ayúdame a confiar en ti..., y amarte, pero no por las cosas que me das, sino por quién eres, el Creador de mi ser..., el aliento de mi vida, sin ese aliento no podría existir.

Tony — Cuando Lily abrió los ojos, notó que tenía un sentimiento de paz y tranquilidad; se sentía muy bien con su oración. Había abierto su corazón y confesado sus necesidades. Había pedido desde lo más profundo de su corazón, conocer a Dios. No era suficiente solamente saber de Él, ella necesitaba sentirlo (tener la experiencia de la presencia). Anhelaba creer con convicción y confiar con toda su alma. Empezaba a aceptar de que había sido creada con esta necesidad de paz que sólo Él y nadie más que Él podía proporcionarle.

«Buenos días a todos», dijo una amable señorita. «Mi nombre es Cristina. ¿Me puedo sentar con ustedes?».

Claro que sí, contestaron todos a la vez.

Lily — Por favor, toma asiento.

Cristina — Gracias. Solo quiero platicar contigo, dijo Cristina viendo directamente a Lily.

Lily — ¿De verdad?, pregunto nerviosa.

Cristina — Bueno..., lo que pasa es que me recuerdas a mí misma.

Lily pensó — ¿Tan obvia es mi búsqueda?

Lily — ¿Cómo te hago recordar?

Cristina — Puedo reconocer el hambre y la sed que llevas dentro y quisiera compartirte algo que he aprendido, ¿puedo?

Lily — Sí, claro que sí. Por favor. Estoy dispuesta a escuchar y aprender de aquellos que ya han tenido el privilegio de encontrar el camino a Dios.

Cristina — He aprendido que nuestros corazones han sido creados para que Dios more en ellos. Nunca estaremos totalmente satisfechos hasta que el Espíritu Santo habite en nosotros.

Tony — Lily se le quedó viendo a Leo, quien movía la cabeza afirmativamente.

> Puedo entender muy bien a Cristina. En mi experiencia, nada ni nadie más que Dios puede satisfacer las necesidades de mi alma. Me mantuve en una búsqueda interminable, pero sirvió, porque poco a poco empecé a notar que el temor a Dios (un miedo que nos paraliza a algunos de nosotros) empezaba a disiparse. Después de esto, me di cuenta de que mi alma necesitaba más y más amor divino y mi deseo por adquirirlo se acrecentó.
>
> Voy a repetir una vez más, que Dios creó nuestro corazón para que Él pueda habitar allí. Cuando tenemos esa experiencia, se siente maravilloso,

pero tengo que ser honesto con ustedes, la mayoría de las veces no lo sentimos así.

Muchas veces recurrí (y aún lo hago, aunque no con la misma frecuencia) a los placeres corporales para llenar ese vacío que se presenta inesperadamente como un recordatorio de mi vulnerabilidad, y aunque estoy claro de que es natural que estas cosas sucedan así porque el viaje espiritual es un proceso, sé que embriagarse con los placeres corporales, solamente aumenta el sentimiento de soledad y separación..., y por supuesto, la culpa se apodera del trono de nuestro ser..., y mientras le permitamos que se quede allí, nos devora y nos hace sentir muy mal. Es allí, en ese momento de ansiedad y culpa, cuando me percato que le estoy entregando nuevamente las riendas de mi vida a la locura (al ego). Pero he aprendido a tratarme con benevolencia en los momentos cuando me aparto del amor, y ya no me castigo con la culpa. Si Dios no me condena, ¿por qué habría de condenarme yo? Cuando me doy cuenta de la ausencia de la paz en mí, me observo y reconozco los obstáculos (pensamientos y creencias erradas) que yo mismo estoy fabricando y que me separan del amor (de la autenticidad de mi Ser).

Leo — ¿Qué más has descubierto en tu sendero?

Cristina — Que la fe no es lo que el mundo cree que es.

Pablo — ¿Qué quieres decir con eso?

Cristina — Vivimos en un mundo carnal el cual está en conflicto con el mundo espiritual o celestial. La fe no proviene de nuestro razonamiento humano. La fe no significa lo mismo que la confianza. Más bien, es una fuerza— un poder impartido que tiene su origen en Dios.

Pablo — Disculpa, pero no te entiendo. ¿Qué quieres decir con «impartido por Dios?».

Cristina — Lo que quiero decir es que Dios es, la fe. Cuando dejamos que Dios viva en nuestro corazón, poseemos la fe de Dios.

Lily — Perdóname, pero sigo sin entender, admitió Lily.

Tony — Leo empezó a manejar la conversación.

Leo — La fe de Dios se imparte a través de su voz (espíritu) que vive en nosotros. En otras palabras, la fe no viene de afuera, si no que de adentro.

Lily — Mmm, eso es bastante interesante y ya empieza a tener lógica para mí. Recuerdo todas esas veces que traté de tener fe, pero no pasó nada. Lidié mucho con esa situación. Toda mi vida me predicaron que tenía que tener fe, o de lo contrario, Dios no estaría contento conmigo. Esa enseñanza me ocasionó mucho daño porque me causó un gran miedo e inseguridad y una culpa terrible. Interiormente, sabía que no podía producir esa fe, pero no me atrevía a admitirlo por miedo a estar cometiendo un sacrilegio. En mi falta de visión, creí que la escasez de fe era motivo suficiente para que Dios borrara mi nombre de su lista y hacerme sentir no merecedora de su amor y de sus bendiciones. Pero ahora, después de escuchar lo que me ha dicho, empiezo a entender que la causa por la cual no he tenido fe, es porque no he permitido que Dios, quien es la fe, viva en mí. ¿Estoy en lo correcto, Leo?

Leo — Sí, eso es exactamente lo que te estoy diciendo, respondió con una gran sonrisa.

Lily — ¡Guau!, exclamó. ¿Qué más has aprendido Cristina?

Cristina — Que no encontramos las bendiciones de Dios esforzándonos o luchando por alcanzarlas. Las encontramos cuando dejamos todo en sus manos y nos rendimos. Entregarse a Dios (al amor) trae el alivio que el alma busca (el verdadero amor es lo único que sana).

Leo — Encontramos las bendiciones a través de la entrega y no del esfuerzo propio (fuerza de voluntad). Como nos acaba de decir Cristina, lo que tenemos que hacer es abandonarnos en Dios (rendirnos).

Lily ¿Cómo puede uno rendirse y someterse a la voluntad de Dios?

Rita No puedes hacerlo, a menos que tengas la convicción de que el espíritu vive en ti.

Leo Estoy de acuerdo. Solamente su presencia puede satisfacer tus necesidades. Su luz dentro de ti puede guiarte a morar en Él (a retornar al amor). El amor de Dios no se encuentra cuando nos esforzarnos por adquirirlo, más bien, se alcanza cuando estamos dispuestos a recibirlo libremente, como si fuera un regalo que nos llega directamente de nuestro propio corazón.

Lily Y eso, ¿cuándo sucede?

Leo Sucede cuando tienes una relación personal con Él (contigo misma); cuando aprendes a confiarle, a escucharlo, y lo más importante de todo, cuando aceptas que Dios es amor y que, en su plan divino para tu vida, está lo mejor para ti. Si no aceptas esto, no puedes confiar plenamente.

Cristina También he descubierto que todo es cuestión de aprendizaje. Las antiguas escrituras dicen que: «perecemos por falta de conocimiento.» Al principio, no entendía muy bien a lo que se refería, pero ahora sí lo entiendo. Dios es el conocimiento y sin Él perecemos.

Lily ¿Perecemos?, comentó Lily, con expresión de asombro.

Cristina Sí. Perecemos porque sin la aceptación de que el reino de Dios está en nosotros, vivimos en la oscuridad, llenos de miedo—esclavos de la culpa, de los falsos deseos y de la necesidad de estar siempre en lo correcto. Necesitamos experimentar su presencia en lugar de estar esperando el cumplimiento de promesas que no se realizan. Dios desea que todos nosotros (que somos una extensión de Él), seamos libres..., pero la liberación solo llega cuando permitimos que el espíritu se siente en el trono de nuestro Ser. Para que eso se dé, necesitamos quitar al ego del lugar de honor que erradamente le hemos dado y dárselo al amor. Debemos saber, en lugar de creer. Creer y saber no es lo mismo. Cuando sabemos algo, no hay lugar para la duda. ¿Pero, qué es lo que tenemos que saber? Que Dios es el proveedor de todo lo que necesitamos y que en Él está el amor para sanar las heridas de nuestras almas.

Leo

Permítanme compartir algo más. La experiencia más hermosa del Reino de Dios, es ser guiado por el espíritu. La sabiduría nos ha hecho hincapié, no una, sino que repetidas veces, que, sin dirección divina, todos nuestros esfuerzos para tener paz de mente y de espíritu, son en vano. Sin embargo, lo último que estamos dispuestos a hacer es renunciar a nuestro propio poder—a la lógica y a la razón, que, según el ego, son las principales herramientas que utilizamos para lograr lo que queremos alcanzar en nuestra experiencia corporal y para eso dependemos de nuestra propia voluntad..., pero esto no nos da la paz.

Lily

Pero..., Leo, dijo Lily asustada. Dios no nos está pidiendo que perdamos nuestra habilidad de pensar y razonar; de que no tengamos una voluntad propia, o, ¿sí?

Lily pensó

Por favor no me diga que sí porque yo no voy a poder hacer eso. Estamos hablando nada más ni nada menos que de mi voluntad.

Leo

No Lily, Dios no quiere quitarnos nuestra libertad de elegir, siempre tendrás libre albedrio, ese es tu derecho, pero con la ayuda del espíritu podrás tener el discernimiento para tomar las mejores decisiones para tu bienestar. Desea que te recuerdes de que tu verdadera voluntad es su voluntad, de que tus deseos son sus deseos, pero solo podemos verlo así, cuando estamos conscientes y seguros de que somos amados y que su plan es lo mejor para nosotros. ¡Si tan solo pudiéramos entender lo que eso significa y la diferencia que hace! Si las personas estuviéramos preparadas y dispuestas a vivir nuestras vidas guiadas por el espíritu, podríamos escaparnos de muchas penas y dolores y nos daríamos cuenta que muchas de las duras circunstancias de nuestras vidas, no tendrían por qué ser así. Por nuestra falta de visión, nos ahogamos en un vaso de agua y hacemos drama y conflicto de la vida.

Tony

Permítanme compartir con ustedes algo personal. Hace algún tiempo, le pedí a Dios que impartiera su presencia y entrará en mi vida, pero no para que la gobernará. ¡No! No, no, no. No quería convertirlo en el *Master* de mi vida. Si no que más bien, lo consideraba una especie de ayudante. Cuando las cosas se ponían color de hormiga, corría a su lado para que me ayudara. Si cometía alguna falta, corría para que me perdonara (para disipar la culpa). Si había algo que quería hacer, me arrodillaba y devotamente pedía su ayuda. Cuando me encontraba en las tinieblas, lloraba por la luz. Cuando estaba en medio de una tormenta, pedía calma. Cuando me encontraba en medio de los problemas, suplicaba su paz. Está muy claro que vivía de acuerdo a mi voluntad y a los atractivos planes que tenía trazados para mi vida. Pero hoy, sé que los planes que Dios tiene para mí, son mucho mejores que los planes que puedo trazarme yo mismo, porque, a decir verdad, yo ni siquiera sé que es lo mejor para mí. Solamente creo que lo sé, pero no, no lo sé.

«Damas y caballeros», anunció el conductor del tren, «nos estamos acercando a LA CIUDAD DEL ESPÍRITU. Estaremos llegando en pocos minutos. Recibí una llamada de Dios indicando que hay alguien en este tren que ha venido específicamente a conocerlo. Me indicó decirle que Él estará esperando en la puerta de la estación».

El corazón de Lily empezó a palpitar apresuradamente. ¿Sería el mensaje de Dios para ella? ¿Sería que Él estaría en la puerta para darle la bienvenida? Solo el pensarlo la hacía temblar de nervios. Lily estaba muy emocionada. Anhelaba encontrarse con Dios y llegarlo a conocer.

El tren paró. Había llegado a su destino. La gente se levantó ansiosa de entrar a la ciudad. Cuando las personas pasaban a la par de Lily, la saludaban cortésmente. Ella las observó y pensó en lo amable que eran. Se veían amorosas y gentiles.

Lily se puso de pie, emocionada de atravesar la puerta de entrada. Se dio la vuelta buscando a Leo, quien estaba parado detrás de ella, sonriendo lleno de ternura, pero con lágrimas en sus ojos. Su expresión era de gratitud al ver que Lily había llegado a esta ciudad. Leo tomó sus manos entre las suyas y se las acarició.

Leo
Lily, no puedo entrar a la Ciudad del Espíritu contigo.

Lily
¿Por qué no puede, Leo?

Leo
Porque este lugar le pertenece solamente a Dios y a ti.

Lily
Y, usted, ¿dónde estará?

Leo
Volveré a la Ciudad de la Religión para ayudar a otras almas a encontrar el camino para llegar aquí. ¡Anda Lily! Sigue adelante. No tengas miedo. Dios te está esperando y no te abandonará ni defraudará porque Él y tu son Uno. Donde quiera que estés, está, porque no hay separación ya que mora en ti. Ahora que sabes un poco más, te irá bien porque en esta ciudad experimentaras la verdad (que Dios es amor) y podrás experimentar los atributos del mismo: gentileza, paciencia y comprensión. Encontrarás abrigo, refugio, paz y descanso.

Tony
> Después de un largo aprendizaje, me di cuenta de que fui yo quien abandonó a Dios y elegí la mente mortal (la mente sin Dios) como mi guía. Definitivamente, era una excusa para estar yo mismo a cargo de mí y era obvio que no me había sabido cuidar. No supe cómo hacerlo, hasta que entré a la Ciudad del Espíritu..., y aprendí.

Lily
Pero Leo, no quiero que se vaya, le dijo con tono de súplica.

Leo
No te estoy abandonando. Estaré esperándote para que compartas conmigo con lujos de detalles tu experiencia, pero..., a la Ciudad del Espíritu, tienes que entrar tú sola.

Tony
A Lily se le llenaron los ojos de lágrimas.

Lily — Gracias, Leo. Gracias por enseñarme el camino. Gracias por su paciencia y su amor. Usted fue la respuesta a mis plegarias.

Tony — Lily lo abrazó tiernamente. Leo solo se le quedó viendo con esos ojos azules que reflejaban un alma en total unión con el espíritu.

Leo — Te amo Lily.

Lily — Yo también lo amo, Leo. Gracias por todo.

Todos andamos por la vida unidos por el vínculo de la creación y nos convertimos en hermanos a través de la gratitud. Tenemos tanto por lo que estar agradecidos. Que cada uno de nosotros hable con el mismo Ser Supremo..., a su manera.

Chief Dan George

Tony — Cuando Lily bajó del tren, se sintió inmersa en la presencia del espíritu. Se sentía fascinada y libre de preocupación. Sintió el amor vivo de Dios. Esta vivencia era nueva y se sentía un poco incómoda..., por ese amor. No estaba lista para ser amada de tal manera, pero al mismo tiempo, esa sensación se sentía tan maravillosa e increíblemente refrescante. El lugar le daba un deleite indescriptible, algo que nunca había experimentado. Su búsqueda (su insaciable búsqueda) parecía haber llegado a un final o..., a un principio.

Esta ciudad era un lugar magnífico. Cada visitante era especial en el corazón de Dios. Perdón, Paz, Amor, Piedad, Responsabilidad, Confianza, Esperanza, Humildad, Conciencia, Autocontrol, Paciencia y Entendimiento estaban allí, dándoles la bienvenida a todos los visitantes que llegaban a la morada del espíritu, sin distinción alguna.

«Bienvenidos a casa», dijeron todos al unísono; haciéndola sonreír. De repente, justo delante de sus ojos, todos se mezclaron formando una especie de tornado, unidos en uno solo. Al principio, no entendía lo que estaba pasando, pero todo quedó claro en el preciso momento en que Cristo apareció.

Cristo Todos los que deseáis una experiencia real con Dios, venid y entrad en su presencia a través de mí. Yo soy el camino y estoy feliz de que estéis aquí. Es el deseo de Dios manifestarse ante vosotros, personalmente, e impartir su abundancia, su gracia divina, y ayudaros a ver las cosas de otra manera para que os deis permiso de aceptar y vivir en su presencia. Dios ama a todos por igual y cada quién tiene su propio lugar en Él.

Tony Lily no estaba muy segura de eso. A pesar de todo lo aprendido, sentía resistencia (el ego que la hacía dudar).

Lily pensó Si eso es verdad, entonces ¿por qué me abandonó?

Cristo Dios nunca te abandonó, Lily. ¡Nunca! Tú pensaste que fue así porque no te respondió de la manera que deseabas.

Lily Si, pero yo necesitaba escucharlo. Acudí a Él una y otra vez y nunca me respondió, jamás sentí consuelo. Lo busqué con todas las fuerzas de mi corazón y él me ignoró.

Tony Lily se sintió herida y quebrantada. Creía que Dios la había abandonado y había llegado a esta ciudad a reconciliarse con Él y con ella misma.

Cristo Dios no te ignoró. Él escuchó el silencioso llanto de tu alma. Por eso es que hoy estás aquí, como una respuesta a tus oraciones.

Tony Como ya hemos escuchado muchas veces, el tiempo de Dios no es nuestro tiempo. Esta es una de las lecciones más difíciles de asimilar, porque no tenemos paciencia para esperar que el espíritu actúe en nosotros.

Cristo Pediste sabiduría y entendimiento, amor y paz; encontrar un lugar donde descansar de las presiones del mundo terrenal. Pediste el agua para saciar la sed de tu alma. Todo lo que buscas, todo lo que has pedido, lo encontrarás en mí, porque tú y yo somos Uno. Muchas personas se pierden en el sendero porque me buscan fuera de ellas. No me pueden encontrar allí.

Si quieres tener esa comunión con Dios, tiene que ser dentro de ti y a través de mí. Permíteme guiarte.

Como ya has aprendido, Dios es la Fuente de todas las cosas, pero lo que no has aceptado aún, es que soy yo quien abre la puerta. No puedes entrar al Reino de Dios con el intelecto (ego). No te lo permitirá. Tienes que entrar a través de la consciencia divina (la mente del hijo de Dios). Es esa mente la que te da el agua que ha de satisfacerte. Una vez que la bebas, no volverás a tener sed, pero..., la tienes que beber. No puede ser de otra manera.

Tony — Antes de entrar en una relación personal con Cristo (conmigo mismo), sufría de ansiedad. Vivía preocupado, lleno de miedo. Cuando empecé a experimentar la luz dentro de mí, cuando saboreé la esencia de Dios, aunque haya sido por un instante, descubrí el néctar de la vida. Era tan dulce y de un sabor tan exquisito, que mi alma deseó más y más. Me quedé asombrado al descubrir que el agua pura (la presencia) estaba disponible para mí sin límite alguno. Me la bebí..., y la sigo bebiendo. Hay veces en que me separo del amor y cuando me olvido de beber el agua viva que Cristo ofrece, me recuerdo a mí mismo que no pasa nada, que estoy aprendiendo a recordar el amor del que me he olvidado, e inmediatamente el sentimiento de ansiedad y preocupación desaparecen.

Como ya hemos escuchado, el crecimiento espiritual (el despertar) es un proceso que lleva tiempo porque tenemos que desaprender lo que aprendimos en el mundo del ego. Todo lo aprendido está bien arraigado en nuestra mente y necesitamos participar, un día a la vez, en nuestro propio reentrenamiento mental para poder así recobrar el sano juicio.

Cristo — ¿Te gustaría tomar mi mano y caminar conmigo?

Tony — Lily se le quedó viendo sin saber que decir. Estaba asombrada de lo bien que se sentía en su presencia.

Lily — Sí, sí quiero tomar tu mano y caminar contigo.

Tony	Cristo y Lily se fueron tomados de la mano hacia el centro de la ciudad. Lily lo seguía viendo y Cristo le sonreía. ¡Qué hermoso momento el que Lily estaba viviendo! Se había quedado sin habla. No podía dejar de pensar en la manera que la hacía sentir. En su presencia, sentía el deseo de ser lo mejor que pudiera ser. Se dio cuenta de que no valía la pena guardar rencor y resentimiento hacia otras personas. La ira perdió poder y se encontró dispuesta a abrirle la puerta de su corazón a perdón y a confianza, y un gran peso se le quitó de encima. ¡Que maravilloso lugar! Volteaba a ver para todos lados asombrada. No podía creer que algo así existiera.
Lily	Cristo..., le dijo, viéndolo con gratitud. Gracias por haberme venido a encontrar a la puerta de la estación. Gracias por invitarme a caminar contigo, por guiarme hacia el conocimiento y la comprensión de Dios (la autorrealización).
Tony	Cristo sonrió.
Cristo	Estoy muy feliz de que finalmente hayas llegado. Quiero que sepas que, sin ti, no estoy completo.
Lily	¿Cómo puedes decir eso? ¿Cómo es posible que no estés completo sin mí? ¡Tú eres el hijo de Dios! ¡Tú lo tienes todo! Tú no me necesitas.
Cristo	Pero sí. Sí te necesito. Necesito que estés en total unión conmigo. Tú eres parte de lo que soy. Por eso es que, sin ti, no estoy completo. Sí, es verdad, soy el hijo de Dios, pero tú también lo eres. No hay separación entre nosotros. Según tu manera de creer, yo lo tengo todo, pero no. Lo tengo casi todo.
Lily	¿Qué quieres decir con «casi todo?».
Cristo	No te tengo a ti. Todavía no estas consciente de quién soy ni de quién eres. Has escuchado hablar de mí, pero no me conoces, y sin ti yo no estoy completo porque como te repito, tú y yo somos Uno. ¿Entiendes?
Lily	No, creo que no.
Tony	Lily estaba incómoda y avergonzada. Cristo se río cándidamente.

Cristo ¿Estas avergonzada, Lily? No, no te sientas mal por eso. Como te dije, no me conoces.

Lily Sí, lo sé, pero me gustaría conocerte. Por eso es que estoy aquí.

Tony Lily muy emocionada comenzó a explicarle.

Lily Deseo sentir la presencia de Dios. No quiero solamente hablar de Él. Ya no quiero tenerle miedo, pero si deseo respetarlo. He caminado un largo sendero para poder llegar aquí, y hoy que puedo aceptar de que eres quien abre la puerta para descubrir el corazón de Dios..., y que tú, el Cristo dentro de mí, eres el camino para llegar a la Fuente que tanto anhelo, tengo la intención de conocerte y planeo beber de tu agua (sabiduría) hasta estar satisfecha.

Cristo ¿Eso quiere decir que me estas invitando a entrar en tu corazón?, le preguntó con una radiante e irresistible sonrisa.

Lily ¡Sí! Te estoy invitando. Te pido que no me sueltes de la mano y me guíes, porque estoy ciega. Te pido que me sostengas en tus brazos amorosos, porque tengo miedo, y sé que solamente el amor puede acallar el temor. Te pido que me muestres tu poder, para entender. Te pido que me ayudes a aceptar la verdad, que mi verdadero Ser es amor, porque estoy hecha a imagen y semejanza de Dios..., y Dios es amor.

Cristo Nunca soltaré tu mano. ¡Te lo prometo! Pero asegúrate de no dejar la mía, y sí lo haces, no te condenes. Esto es un reentrenamiento mental. Vuelve a esta ciudad cuantas veces sean necesarias. Recuérdate que Dios no enjuicia. Eres tú quien se juzga a sí misma. Mi presencia te ayudará a recordar quién eres. Para mientras despiertas a la realidad de que esto es verdad, de que somos Uno, mis brazos estarán abiertos para estrecharte siempre que lo necesites. En mí, puedes encontrar abrigo y refugio. Ya no tienes que tener miedo. Estoy en ti para siempre. Si caminas conmigo y esperas a que te lleguen las respuestas, podrás experimentar el poder de Dios. Mientras más veas, más creerás y mientras más creas, más mirarás.

Quiero reitérate que el amor que vive en ti no tiene nada que ver con tu comportamiento; con tu deseo de ser una buena persona para que Dios te apruebe o para aprobarte a ti misma. No, no es así. El amor de Dios es incondicional. Acéptalo y aprende a amarte de esa manera.

Lily — Pero, ah..., soy tan imperfecta. Cometo una multitud de errores. A menudo soy poco amorosa y egoísta, incluso egocéntrica. Soy un ser humano con demasiadas deficiencias. Ciertamente no me siento digna del amor de Dios.

Tony — Lily no estaba escuchando. Cristo le acababa de decir que el amor de Dios es incondicional, más ella, no se sentía digna de ese amor, porque ese pensamiento de no merecimiento, está bien infiltrado en nuestra mente y se necesita volver y volver al amor cuantas veces sea necesario para que ese pensamiento errado (de que no nos merecemos ser amados por Dios), se remueva de raíz.

Cristo — Puedes pensar que no eres digna de su amor, pero estarías pensando equivocadamente, porque para Dios vales muchísimo. Crees que no eres merecedora, porque constantemente tu ego te compara con Dios, y si le prestas oídos a la voz de la locura (ego) te hará dudar. Tienes que aprender a aceptar de que tu ego no siempre está aquí para ayudarte como lo crees. No desea que encuentres la Unicidad (reconocer que entre Dios y tú, no hay diferencia). De eso puedes estar segura. Descansa tranquila, mi querida Lily, porque Dios no mide con la misma vara con la que mide el mundo, ni tampoco calcula tus méritos utilizando los parámetros de los seres humanos. Si continúas queriendo compararte con Él, me temo que nunca podrás llegar a experimentar una comunión con tu Creador porque siempre estarás pensando que no te lo mereces. Muchos se han alejado de su esencia. Incluso tú te has extraviado porque no has creído en su amor y en su aceptación debido a tus supuestas faltas. Es imposible ser perfecto; no necesitas serlo para ser amada. Deja que Dios sea Dios, y descansa de todos tus esfuerzos por lograrlo. Te llegará (la convicción) inesperadamente.

Lily — Entonces, ¿qué se supone que debo hacer para cambiar?

Cristo — Recordar que eres hija de Dios. Ven a mí con tu corazón roto y con tu mente abierta. Te has mantenido alejada por tu confusión acerca de quién Soy. Has mantenido una distancia entre nosotros por esos conceptos erróneos y por tus supuestas imperfecciones. Ya no tienes necesidad de eso. El amor incondicional se te manifestará, se te revelará, y ese amor, purificará y restaurará tu corazón. Te perdonarás a ti misma por los errores que crees haber cometido. Dios no tiene nada de que perdonarte, aunque te hayan dicho lo contrario. El amor incondicional es amor perfecto y, por lo tanto, en ese ámbito, no existe un juez.

Mi Lily querida, continuó diciéndole con una sonrisa muy dulce. No existe corazón quebrantado que yo no pueda sanar. Puedo despejar la perplejidad y la confusión. Tengo el poder para llenar de júbilo las vidas desdichadas. No existe un problema que yo no pueda resolver. Nada es imposible para mí. ¡Nada! Pero tienes que aceptar que es así. De lo contrario, te hundes en el océano de las emociones.

Sé que eres imperfecta, todos lo son. Sé que tu corazón necesita ser renovado. Todos los corazones necesitan serlo, no sólo el tuyo. La transformación toma lugar a medida que vas caminando en tu sendero espiritual. Cada día avanzas más en la senda. Con cada paso que das te vuelves un poco más sabia, más compasiva, más amorosa y vas aprendiendo a confiar un poco más en mí. Poco a poco empiezas a percatarte de mi presencia y como resultado, empiezas a escuchar mi voz (tu voz). Sé paciente y gentil contigo misma. Permite que tu verdadera voluntad (la voluntad de Dios) se despliegue frente a ti. Su plan es el mejor. Déjame guiarte cuando la confusión invada tu mente. Permíteme fortalecerte cuando el camino sea difícil y áspero. No le des cabida a la culpa, no tienes nada porqué condenarte. En el camino espiritual no hay pecados, solo errores. Y como ya se te explicó anteriormente, los errores son para ser corregidos y no para ser castigados.

Tony

Fue un alivio escuchar a Cristo hablar de Dios. Me ayudó a entender y a ver las cosas de otra manera. Deje ir el falso concepto que tenía de Él..., de un ser celoso y vengativo, listo para borrarme de su lista y enviarme al infierno por la eternidad. ¡Que ciego estaba!

En Dios, descubrí una presencia interior que es amorosa, cariñosa y comprensiva; que nos ama incondicionalmente; que está disponible para cada uno en todo momento, porque vive en nosotros, y, por lo tanto, podemos encontrar refugio y abrigo en nuestros propios corazones (como Leo).

Cristo y Lily se sentaron uno a la par del otro. Ella disfrutaba de su compañía y descansaba en su presencia. Se sentía llena de paz y júbilo; segura y protegida. Era libre de preguntarle las preguntas para las cuales necesitaba una respuesta. ¿Quién mejor que él para responder?

Lily

La verdad es que la mayoría de nosotros no entendemos quién eres.

Cristo

Eso es porque quieren entender con la razón antes de empezar el viaje interno. Dios quiere que entiendan con el corazón. Las personas quieren creer a través del entendimiento, Dios quiere que entiendan a través de la fe. Cuando empiezas a ver y a comprender cosas que normalmente no entendías, era el espíritu quien te lo estaba revelando (tu maestro interno).

Otra cosa, la belleza de mi presencia, es saber responder con serenidad a las circunstancias de tu vida—es estar a salvo de ese infierno en el que vives. El infierno no es otra cosa más que la creencia en la separación. Por eso te sientes sola sin un lugar dónde encontrar refugio; caminas atemorizada, sin rumbo ni dirección. Pero cuando me descubres en ti y me dejas ser, que diferente historia la que ves. No importa cuán obscura sea tu vida, le puedo dar luz. No importa el vacío, puedo llenarlo con paz y serenidad. Puedo tomar tu mano y guiarte al lugar en donde puedas encontrar la abundancia que está destinada para todos, pero que solo aquellos que confían la pueden experimentar. Camina conmigo y conócete a ti misma. Todo lo que yo soy, tú eres. Date permiso a aceptarlo sin miedo, no es un sacrilegio. Es la verdad. La separación no existe. No puedes separarte de tu Esencia. La aceptación de que no hay separación le dará a tu mente comprensión, discernimiento y sabiduría, y a tu corazón, amor, alegría y descanso.

Tony A medida que mi entendimiento espiritual (mi consciencia) progresaba, entendí el mensaje de Cristo. Las Antiguas Escrituras nos recuerdan que cuando buscamos a Dios con todo nuestro corazón, lo encontraremos..., pero debemos buscarlo con fe y no tener dudas de lo que queremos. Tenemos que mantenernos enfocados en el deseo de nuestro corazón (la paz de Dios), porque el que duda es un hombre de dos mentes, indeciso en cada paso que da, como las olas del mar, agitadas por el viento y lanzadas por doquier. Dios desea que nuestro entendimiento crezca. Que sepamos la verdad, y que nos recordemos de quién es y de quienes somos.

Cristo Lily, aunque no me lo creas, quiero que sepas que, ante los ojos de Dios (tu verdadero Ser), eres perfecta.

Lily ¡Ay, Cristo!, ¿cómo va a ser eso posible? ¿Qué quieres decir?

Cristo Ante los ojos de Dios eres perfecta, porque Dios es el escultor de tu mente y cuando te entregas empieza a moldearla pedazo a pedazo—sacando poco a poco toda la basura acumulada. Recuerda esto: cada día que pasa estás en el lugar donde tienes que estar para la evolución de tu alma. Mañana será otro día. Con cada día que pasa, vas avanzando más y más, no en comportamiento, sino que, en entendimiento, y como resultado de esto, el comportamiento cambia. Quédate tranquila y acepta que Dios ama a toda la afiliación (todos los seres humanos) y de que tiene los mejores planes para que todos puedan despertar del sueño de la separación.

Lily pensó — Eso suena muy bueno para ser verdad.

Cristo — Y a ti, ¿quién te dijo que tiene que ser difícil?

Lily — Pues..., el mundo. La sociedad.

Tony — Sam me dijo una vez:

Sam — Es extremadamente difícil encontrar a Dios si lo buscas a través de las leyes, parámetros o interpretaciones de los hombres. Las religiones te presionarán demasiado. Es más fácil cuando te acercas a Dios y le permites que te guie. Él le hablará directamente a tu corazón. Es posible que escoja comunicarse contigo a través de otra persona, pero lo que hay que tener en cuenta, es que cuando Dios habla, tú sabes que ha hablado. No lo puedes explicar, simplemente lo sabes. Él puede hablarte de la misma manera que habla a los demás, pero debes creerlo y aceptar que no hay ninguna diferencia entre ellos y tú.

Cristo — Lily querida, apoya tu cabeza en mi regazo y déjame sostenerte en mis brazos. Sé lo que necesitas y Él proveerá todas tus necesidades y te liberará de toda esa pesadez. No tengas miedo de poner tu vida en sus manos, y si estas confiando y dependiendo de Él para que te guíe y dé dirección, te lo dará. Caminaré frente a ti para aclararte el camino. Entrégate a mi cuidado. Seré la roca de tu vida y tu más grande apoyo.

Tony — Lily miraba a Cristo con asombro. Se le acercó y se sentó a su par, recostando la cabeza sobre su hombro. La mano de Cristo le acariciaba suave y tiernamente el cabello.

Cristo — Lily, le susurró Cristo al oído, eres especial y querida para Dios. ¡Todos los son! Ahora que ya estás aquí, ¡descansa! Experimenta la presencia de Dios y descansa.

Ya eres consciente de que Él te entrega su amor sin importar tus circunstancias—sin importar tu comportamiento. No te juzga. Acéptalo de una vez por todas. Él sólo mira tu corazón, y sabe que es puro porque Él lo creó. No ve defectos en ti, pero tú crees, como creen muchos, de que no es así. Ese pensamiento de juicio está profundamente arraigado en tu mente, y aunque aceptas intelectualmente de que es verdad, de que no te juzga, todavía no es parte de tu consciencia porque no lo crees con el corazón. Pero no te apures, estas aprendiendo a despertar. Date tiempo para sentir tus emociones sin miedo. No hay nada malo en ti. Ya se te ha dicho muchas veces, pero te lo vuelvo a repetir: Dios es amor y antes de que puedas experimentar ese amor, debes aprender a aceptarte con todos tus defectos y dejar de castigarte con el juicio y la culpa.

Lily ¿Castigarme?

Cristo Si. Es una forma de castigarte porque aún sostienes la creencia de que tienes que ser perfecta, pero eso no te ha funcionado. Acepta que la perfección no existe en cuanto a un comportamiento..., pero sí existe—en la mente de Dios (en la mente divina).

Lily Pero... ¿qué he hecho para merecer tan hermoso regalo?

Cristo Nada. Es un regalo. Y está disponible para todos los que tengan el deseo y la disposición para aceptarlo. Tú, ¡estás lista! Has buscado la Fuente y lo has encontrado en mí.

Dios extiende su amor, su paz y su alegría a todos. Pero solo aquellos que en este momento anhelan una relación íntima con Él pueden experimentarlo. Yo vierto sabiduría y comprensión a aquellos que vuelcan sus vidas—sus mentes erradas—hacía mí. Pero debes saber que, en la plenitud del tiempo, todos encontrarán su camino de vuelta al hogar (al amor). ¡Todos!

Tony Lily lloraba a mares. Se sentía tan maravilloso estar en los brazos de Cristo. Se rindió y soltó su miedo y abrió su corazón para recibir su amor, su bondad y sus enseñanzas.

Cristo — Tu corazón se ha de llenar. Estarás satisfecha. No te inquietes tanto con las cosas del mundo, porque son transitorias. No te preocupes por lo que has de comer o vestir, porque Dios sabe lo que necesitas y puedes estar segura de que él proveerá, si lo permites. Mírame Lily, mírame a los ojos. Deja que su voluntad tome lugar en tu vida. Pon atención a mi guía y dirección, mantente enfocada y mantén abiertos tus oídos para poder escuchar mi voz que dulcemente te susurrará en lo más profundo de tu ser.

Que no se te olvide que todos los seres humanos son tan hijos de Dios, como lo soy yo. Y sobre todo, mantén presente que este encuentro entre tú y yo, no es un final, si no que un principio. Todavía hay un largo camino que recorrer.

Nuestro miedo y vacío no son parte de su plan. Viejos dolores y viejas heridas los han creado. Si pudieras verte a través de los ojos de Dios, podrías ver que eres completamente amado y completamente protegido.

Deepak Chopra

Tony — Lily terminó su viaje y regresó a su hogar con mucho más conocimiento y entendimiento que cuando empezó su búsqueda. Había descubierto tantas cosas, que esperaba con ansias ver a Leo para contarle su experiencia.

Tocaron a la puerta. Era él.

Lily — Leo, estoy muy feliz de verlo. Por favor, pase adelante.

Tony — Lily lo abrazo con mucho cariño.

Lily — De verdad que estoy muy feliz de verlo. Me gustaría compartir con usted todo lo que he aprendido.

Tony — Se sentía muy emocionada de conversar con él, porque sabía escuchar. La entendía y ella se identificaba con él. Leo se le quedó viendo, le guiñó el ojo y le dijo en tono de broma:

Leo — Más te vale que me lo cuentes todo...

Tony — Leo se sentó en el sofá y Lily le ofreció una taza de café y un pedazo de pastel de fresas con crema, y empezó a relatarle su experiencia.

Lily — Cuanto más tiempo pasé en la presencia de Cristo, más aprendí sobre él y sobre mí misma. Siento que estoy experimentando una transformación (un cambio de corazón). Me encuentro a mí misma confiando, como nunca pensé poder hacerlo. Tengo el deseo de aprender más sobre Dios. Cristo me ha preparado y me ha dotado con las herramientas necesarias para abrir la puerta de mi corazón al Espíritu Santo y permitir su guía. Aunque los pensamientos de miedo e incredulidad tratan de obstaculizarme o hacerme tropezar, mi determinación de escuchar la voz que habla por Dios (el Espíritu Santo) es mucho mayor.

Leo — Te entiendo perfectamente. Cuando nos damos permiso para caminar agarrados de la mano invisible..., pero real, para muchos de los que creemos que es así, experimentamos más amor y paz. Nuestra confianza y fe nos liberan de las pesadas cargas, que serían mucho más pesadas, si no fuese porque creemos en ese Ser dentro de nosotros que nos envuelve con su manto de sabiduría y que nos ilumina la mente para vivir bien en medio del caos y la hostilidad que vemos en el mundo.

Lily — ¿Quiere que le diga algo que me ha dejado estupefacta? Darme cuenta de lo fácil que es perdonar a los demás, así como perdonarme a mí misma, por todos los errores que he cometido, y sin duda alguna, volveré a cometer. Qué alivio es no condenarme por no llenar las expectativas que otras personas tienen de mí, al igual que las mías propias. Se siente tan sabroso vivir sin la preocupación de cómo me estaré reflejando en el espejo de la mente de los demás, y con eso quiero decir, que ya no es tan importante como antes, si la gente está de acuerdo conmigo o no.

Leo Así es, Lily. A medida que camines a la par de Cristo y le permitas vivir en tu corazón y guiar cada uno de tus pasos, te irás sintiendo más liviana y libre. Cosas que antes eran de vital importancia para ti, pierden su significado, y te das cuenta del gran peso que cargabas encima. En mi experiencia personal, a un principio, me parecía increíble que Cristo pudiera hacerme sentir de la manera como hoy me siento—libre. Libre del miedo que sentía y de la culpa que me consumía. Después de caminar con él por un tiempo, descubrí por mí mismo, que él es de hecho lo que Jesús dijo que era. Cristo es el hijo de Dios (la mente que estaba en Jesús) y Cristo está en cada uno de nosotros, porque todos somos hijos de Dios..., y lo que nos hace verdaderamente libres, es aceptar que somos parte de la Unicidad (de un todo).

Tony Lily se quedó sorprendida al darse cuenta de que se identificaba con Leo.

Lily pensó ¡Es definitivamente increíble! Si alguien me hubiera dicho que algún día me iba a encontrar en el lugar en el que estoy hoy, hubiera pensado: ¡Está loco! a Dios no le importa; no se preocupa por uno y en cuanto a Cristo, eso es para los débiles y fanáticos. Si. Eso es exactamente lo que hubiera pensado. Pero admito que me equivoqué.

Lily ¿Sabe otra cosa, Leo? Finalmente he comprendido que no hay nada que pueda hacer para ganarme el amor de Dios. Es un regalo y le digo la verdad, estoy dispuesta a abrirlo y a disfrutarlo totalmente. ¿No es eso asombroso?

Leo Es maravilloso. Me alegro tanto por ti. ¿Quieres que te diga qué hizo mi vida más fácil? Entender que el plan que Dios tiene para mi vida es mucho mejor que el plan que yo pueda trazarme. Cuando me iluminé con esta perla de sabiduría, pude permitir que Dios dirigiera mi camino y lo convertí en el capitán de mi barco y con eso, encontré el descanso que tanto había buscado.

Tony Lo que hace mi vida más fácil, es aceptar, de una vez por todas, que jamás podré ser perfecto. Sé que cometeré muchos errores a lo largo del camino, pero no importa qué, nunca estaré fuera del alcance de Dios. Sé que el Espíritu Santo estará siempre allí, dentro de mí, listo para sostenerme, enseñarme, consolarme y ayudarme a que me perdone a mí mismo por mi falta de perfección en mi comportamiento. Hoy ya no es de vital importancia la opinión ajena. Lo que importa es, que estoy aprendido a tratarme con cariño y benevolencia para poder amarme tal y como soy, de la manera que Dios me ama y nos ama a todos.

Lily Qué alivio es saber que no tengo que ser perfecta para ser amada por Dios. Cuan equivocada he estado comparando el amor de Dios con el amor de los hombres. El amor de los hombres es condicional, está basado en el comportamiento y en la conducta. Mientras mejor me comporto, más me aman. ¡Que presión! ¡Pero no es así con Dios! El amor de Dios es incondicional, y esa clase de amor me inspira a dar lo mejor de mí.

Tony Lily dejó escapar un profundo suspiro.

Lily Sé que caminar con el Espíritu Santo, no me garantiza que todo vaya a salir bien. Ni siquiera me garantiza que no vaya a tener problemas o experiencias no deseables. ¡No! Definitivamente no me garantiza nada de eso. Entiendo que todos tenemos experiencias agradables, pero dolorosas también, tal como me lo han dicho, son necesarias para la evolución de nuestra alma. Lo que sí está garantizado, sin embargo, es que siempre tendremos un lugar dónde refugiarnos hasta que pase la tormenta; que podemos tener paz, aún en medio de la adversidad, y de que, aunque sintamos dolor por algo, no tenemos por qué sufrir por ello. El sufrimiento es ocasionado por nuestra constante resistencia a lo que es (resistencia al momento presente).

Tony Recuerdo aquellos días en los que esperaba ansiosamente unas vacaciones lejos del mundanal ruido para alejarme de las presiones del día a día y encontrar un tiempo para estar en paz. Pero ahora entiendo que la paz es una cualidad del espíritu que se deriva de la mente de Dios y no necesito irme a ningún sitio en especial para experimentarla. La paz es un estado espiritual que poseemos y que cuando le permitimos ser, nos sostiene en medio del caos y de los diarios conflictos. Me doy cuenta de que tengo una opción. Depende de mí elegir la paz y la serenidad de Dios cuando las pesadas nubes de la vida caen sobre mí. Si lo hago, si le pido al Espíritu Santo que me ayude a elegir la paz de Dios, esa paz permanecerá en mí, aunque tal vez no en mi cuerpo, pero mi alma estará protegida del sufrimiento ocasionado por los fuertes vientos de la vida y descansaré en la presencia de Dios mientras pasa la tormenta.

Leo Así es como interpreto el significado de la paz de Dios. Él irradia su paz, cuando permitimos que el Espíritu Santo more en nuestro corazón. Es su presencia quien la inspira. Es la consciencia de que Él está allí—en nuestro interior—la que nos da la calma.

Dios ha estado intentando llamar tu atención por un largo tiempo, pero tu no estabas lista para escuchar.

Lily Sí, lo sé, pero no me culparé por eso, porque ahora soy consciente de que todo sucede de acuerdo al plan trazado para mi crecimiento y evolución.

Tony Hay un llamado del que a menudo no somos conscientes. Dios invita al hombre a una vida de estrecha unión y comunión con Él. La madurez espiritual no sucede de la noche a la mañana. La comprensión divina no viene de una sola vez. El conocimiento y la aptitud espiritual no se obtienen en un abrir y cerrar de ojos. Se necesita tiempo y determinación para llegar allí.

Lily Leo, está siendo un largo pero extraordinario camino, le dijo sonriendo.

Leo Y continúa, Lily, porque estás aquí (en esta dimensión) para aprender a despojarte de las impurezas de tu mente humana, no de tu corazón, porque el corazón, no puede ser impuro.

Lily — Leo, ¿lo estoy aburriendo con todo lo que le estoy diciendo?

Leo — No, no me estás aburriendo. Puedes hablarme todo lo que quieras, para eso estoy aquí, para escucharte.

Tony — Lily continuó hablando y lo hizo con convicción.

Lily — Creo que todos tenemos el derecho de buscar al Dios de nuestro propio entendimiento. ¿Está de acuerdo con eso?

Leo — Claro que sí. Eso es precisamente lo que hice. Me acerqué de una manera personal, y lo encontré en mí. Si. Lo encontré en el centro de mi corazón. Allí es donde Dios mora, en el centro, en el núcleo, en las profundidades de nuestro ser.

Lily — ¿Sabe algo más, Leo? Desde el día en que entendí quién es Dios en mí, especialmente, con saber que no castiga ni juzga, mi vida dio un cambio total. Crecí tanto en mi búsqueda espiritual, que tuve el privilegio de descubrir ese amor que siempre había deseado. Ahora sé que está dentro de mí. Pensé que una persona especial era la Fuente de mi felicidad. ¡Me equivoque! Dios es la Fuente del amor porque Él es amor.

Tony — Puede que estén pensando que esto es muy bueno para ser verdad. Lo entiendo porque lo pensé yo mismo durante mucho tiempo. Pero, sin embargo, es cierto. El estar en comunión con Dios y experimentar su amor dentro de mí, me brinda paz y liberación a donde quiera que voy. La joya más valiosa de sabiduría que he llegado a recibir es que a Dios no le importa lo que hago por Él, sino lo que le permito hacer por mí y a través de mí. Cuando consiento que esto se dé, estoy permitiendo que su plan (su voluntad, que es nuestra verdadera voluntad) tenga lugar en mi vida..., y allí, damas y caballeros, está la libertad.

Lily — Mi recién adquirido entendimiento me está ayudando a liberarme. Todos mis falsos deseos, vanas necesidades, inquietudes y preocupaciones, están perdiendo poder en mi mente. Situaciones que un día fueron tan importantes, tales como: «Tengo la razón y tú estás equivocado», o «se hacen las cosas como yo digo o no se hacen», «no necesito a nadie, yo lo puedo hacer todo sola», «estás mal y yo te tengo que ayudar a mejorar»; me quitaron mucha energía. Hay cosas que ahora son más vitales, como vivir una vida llena de amor y comprensión, no sólo para mí, si no qué también para los demás. Ya no es importante tener la razón, es más importante tener paz y tranquilidad. Hoy sé, después de muchas decepciones, desencantos y dolores de cabeza, que la vida y la gente, especialmente la gente, no son siempre de la manera que me gustaría que fueran. Si pretendo esperar a que se comporten de acuerdo a mis expectativas, estaré luchando una batalla perdida. Así que, me doy por vencida. Darme por vencida es la mejor forma de aceptar la vida y a las personas tal y como son.

Leo — Yo también encontré libertad al entender que la vida no pretende ser igual para todos los seres humanos. Antes de que esta verdad me fuera revelada, me sentía muy mal por las circunstancias de algunas personas, aún de las mías propias. Cuestionaba la existencia de Dios por las duras condiciones de vida que veía a los alrededores. «Si hay un Dios», me preguntaba, «¿por qué permite que estas cosas sucedan?» Ahora sé que todos tenemos nuestros retos. A algunos de nosotros nos toca más difícil que a otros. No entiendo exactamente el por qué, pero ya no estoy estancado tratando de entender los misterios de la vida. En lugar de eso, sigo adelante aceptando y practicando las cosas que sí entiendo, lo cual es que todos tenemos acceso a la fortaleza y a la sabiduría de Dios y que cada uno de nosotros es responsable, en la plenitud del tiempo, de aceptar ese poder para mejorar la calidad de nuestras vidas y crecer espiritualmente. Dios está disponible para todos como un refugio y abrigo durante las tormentas que azotan nuestras vidas. Nadie está excluido de los fuertes vientos y nadie está excluido del amor incondicional.

Lily — Yo también luché con eso. Creo que tal vez a todos nos pasa. Es muy difícil ver a Dios en medio de la adversidad. Vivimos nuestras vidas en partes, pero Él ve todo el panorama. No es hasta que cada una de las piezas encaja en el lugar debido, que entendemos de que Dios siempre ha estado allí al tanto de todo. Pero a lo largo del camino, me he dado cuenta que es una lección difícil de digerir..., hasta que tenemos todas las piezas juntas. Lo que un día fue incómodo, ahora es cómodo. Hoy disfruto mucho estar sola. Me he encontrado buscando la soledad. Hay algo absolutamente fantástico y espiritual en la soledad. Me da la oportunidad de reflexionar sobre mi vida, mi familia, mis amigos, mi trabajo, o simplemente quedarme callada para poder escuchar el sonido del silencio o la dulce voz dentro de mí que murmura: «Te amo, Lily, nunca te dejaré ni te abandonaré. Estoy contigo, para siempre. Deja que mi amor y mi paz fluyan en ti como un torrente que arrastra todo el veneno acumulado en tu mente por falta de visión. Deja que mi sabiduría fluya en ti como un río. Permíteme renovar tus pensamientos y creencias y limpiar todos los recuerdos dañinos». La dulce y amorosa voz del Espíritu Santo en mí es como una cobija caliente en una noche fría, que me conforta y hace una gran diferencia en mi mundo.

Leo

Como yo lo veo, el propósito de la vida es encontrar a Dios en nuestra mente y en nuestro corazón (ese encuentro con nosotros mismos). Entonces seremos transformados en su imagen y semejanza. Cuando estamos conscientes de que ya está en nuestro corazón, automáticamente tendremos su sabiduría.

La visión divina se da, no se gana. Es un regalo, no un premio. Debemos tener en cuenta que esta sabiduría no es igual a la del mundo, que a menudo resulta ser torpeza ante los ojos de Dios. Para conocerla tenemos que despojarnos de la del mundo, porque la verdadera sabiduría no es producto del pensamiento humano; si no más bien es la revelación del Espíritu Santo y sobrepasa todo entendimiento. Encontrarla, es un proceso que tiene lugar dentro de nosotros; es algo interno, no externo, contrariamente a lo que la mayoría de nosotros hemos sido programados a creer, que la paz puede venir a través de fuerzas exteriores. La sabiduría divina es un reflejo de la mente de Dios (Cristo). Una vez la encontramos, estamos destinados a disfrutar cada día a vivir con amor, paz y serenidad en medio de todo.

Lily — ¡Ay, Leo! Qué hermoso lo que acaba de decir. Me encanta escucharlo.

Tony — Una humilde sonrisa se desplegó en el rostro de él.

Leo — Ya se está haciendo tarde y debo irme. Déjame compartir algo más para que pienses y medites. La sabiduría de Dios no tiene fin y en cada uno de nosotros está el deseo de obtenerla y después, conservarla. La vida es corta y tarde o temprano terminará. Cuando mi hora de partir de este mundo llegue, quiero irme con la certeza de que aprendí lo que vine a aprender: a descubrir el amor que soy (la autorrealización). Es sólo cuando permito que surja el amor que soy, que puedo estar en la posición de amar a mi prójimo como a mí mismo.

Me siento bien porque el mundo está bien. ¡Incorrecto!
El mundo está bien, porque yo estoy bien.

Anthony deMello

Tony — Leo se marchó y Lily permaneció parada junto a la ventana, observando el hermoso atardecer. Sentía la presencia del Espíritu Santo en su interior. Después de un largo caminar, empezó a entender el significado de Dios (el amor incondicional), y como resultado, estableció una íntima relación con esa presencia..., que es su propio Ser. Ahora sabe que el Creador de la vida ve y conoce su corazón..., y ya no tiene que esconderse. No importa cómo la juzgue el mundo (la mente colectiva) o como se juzgue así misma (ego), en los ojos de Dios (los ojos de su propia divinidad) está justo donde tiene que estar en este momento del camino.

Lily descubrió un amigo en Cristo..., quien la escucha cada vez que lo necesita. Se dio cuenta de que había tratado de encontrar en los seres humanos lo que solamente Cristo podía darle (amor incondicional). En Él encontró refugio, descanso, liberación, perdón, amor, paz y entendimiento, y esa cobija gris de dolor que le había cubierto el alma por tanto tiempo, estaba en el proceso de ser desmantelada.

Al entrar la noche, y después de sus quehaceres cotidianos, se dirigió a la silla mecedora y se sentó a la par de la chimenea, disfrutando del calor y observando el resplandor de las llamas. Su corazón estaba en paz. Había encontrado lo que andaba buscando, la conexión con la Fuente (la conexión con ella misma). La Presencia Divina está sentada en el trono de su corazón y hay unión con Dios.

Del otro lado de la puerta están esas entidades (atributos del ego): el miedo, la ira, frustración, desesperación, inseguridad, tentación, y gula, entre otros. ¡Allí están! Viendo a través de la ventana, tocando la puerta para poder entrar de nuevo. ¡Nunca se irán! Siempre estarán allí, listos para aprovechar la primera oportunidad que se les presente para entrar nuevamente en el corazón de Lily. Pero ella ya no está sola, ahora tiene a Dios (tiene amor) quien le da la fortaleza para mantener la puerta cerrada, si ella así lo decide. Y si les abre la puerta, sabe que puede contar con el amor incondicional. Ya aprendió que el camino espiritual es progreso, no perfección.

Lily es consciente que esos sentimientos y esas emociones no tienen ningún poder sobre ella a menos que se rinda a ellos nuevamente..., y créanme que lo hará. Si, lo hará, una y otra vez, pero cada vez menos. La diferencia es que ahora tiene un lugar a donde ir. A pesar de todas sus aparentes faltas o defectos de carácter, puede correr a los brazos amorosos de Dios, que siempre estarán abiertos para estrecharla y sostenerla, no importando qué.

La sonrisa de Lily iluminó la habitación. Cerró los ojos y descansó. Había encontrado la Fuente y ríos de agua pura corrían desde lo más profundo de su Ser.

Tony

Damas y caballeros, les voy a pedir que mediten en lo siguiente: ¿Se va Lily a quedar allí en la Tierra

Prometida? ¿Podrá recurrir a la Fuente para que la guie y sostenga? ¿O será que su mente intelectual—su yo inferior (la mente del ego..., donde el miedo permanece), va a invadirla de nuevo?

En cuanto a mí, fui de un lado a otro, y para ser totalmente honesto, todavía lo hago. Pero como ya hemos oído, el misterio de la autorrealización es un proceso, no una carrera. La vida es un viaje de auto descubrimiento y para permanecer a flote en las aguas vivas (en el círculo del amor), debemos enfrentar (con la ayuda del Espíritu Santo) los obstáculos que hemos puesto en nuestro propio camino. Los hemos colocado allí (los obstáculos) con nuestros pensamientos, creencias y expectativas, así como con nuestras necesidades y falsos deseos, ocasionados por el miedo y la culpa. Debemos estar dispuestos a observarnos sin juicio, sin culpa, sin castigo o condena, porque sólo cuando nos observamos con el amor de Dios, somos capaces de reconocer estos obstáculos y ser rescatados de nuestro peor enemigo: nuestro yo inferior (ego).

Epílogo

Las luces se encendieron y las pesadas cortinas de terciopelo color vino tinto, se cerraron detrás de Tony. Durante un tiempo, los aplausos llenaron el auditorio, y cuando pararon de aplaudir, Tony habló.

Tony — Damas y caballeros, gracias por su atención. Fue un enorme placer narrarles la historia de Lily. Espero que la hayan disfrutado, y de una u otra manera, inspirado.

Uno de los espectadores levantó la mano.

Tony — ¿Tiene alguna pregunta, caballero? Y, ¿cuál es su nombre?

«Sí, tengo una pregunta. Mi nombre es Daniel».

Daniel — Disfruté mucho su relato de la historia de Lily porque parece entender el tema y relacionarse con ella. Usted exhibe lo que yo me imagino que es la libertad del Ser, aun sin ser perfecto en su comportamiento. Entonces, mi pregunta es: ¿Cómo exactamente llegó usted a su propio corazón (Dios)?

Tony se quedó en silencio para escuchar la guía divina, para responder esta pregunta tan importante. Después de unos segundos, se dirigió específicamente a Daniel.

Tony — Después de haber tenido la experiencia de conocer a Cristo personalmente, y con eso, quiero decir, entender quién es Dios en mí y quién soy yo en Él, me di cuenta de la verdad de su enseñanza acerca del Reino de Dios (que está dentro de cada uno), toqué a la puerta del cielo (la consciencia misma) y entregué a Dios mi mente errada (el ego..., la mente separada) con humildad en mi corazón. Llegué a Él con la actitud de un niño y derramé sin reservas todo lo que había en mi corazón.

Daniel — Entonces, ¿personalmente usted cree que Cristo es el único camino al corazón de Dios?

Tony Permítame que se lo explique de esta manera, Daniel. La vida es un misterio y nadie puede decirle la verdad; la tiene que descubrir por usted mismo..., en su interior.

Pero en mi experiencia, que es lo único que tengo para responder su pregunta, es que, en mi búsqueda de Dios, probé encontrarlo en diferentes filosofías y enfoques, y siempre, sin excepción alguna, regresaba al mismo lugar; a una vida llena de incertidumbre, frustración, culpa, carencia y miedo. Solamente encontraba un alivio temporal para el dolor de mi alma y tenía muy poco valor para enfrentar el mañana.

Me esforzaba arduamente por encontrar mi camino al corazón de Dios (a mi propio corazón), aplicando cada técnica que había aprendido para encontrar la paz de mi alma. Pero no lo pude lograr. No pude hacer la conexión hasta que entendí la naturaleza de Cristo.

Daniel Y, ¿cuál es la naturaleza de Cristo?

Tony La esencia de Dios. Observe y estudie detenidamente a Jesús, y verá en Él el reflejo de Cristo (el amor de Dios). Jesús poseía la mente de Dios (la verdad). Estaba despierto a su Divinidad y por eso es que se le conoce como Jesús Cristo. Su nivel de consciencia lo hacía ser capaz de amar incondicionalmente. Era gentil y amoroso, pero firme..., sin apegos emocionales. No juzgaba a los demás, porque reconocía la ignorancia del mundo. Sabía perdonar, porque en la presencia del Ser él lo entendía todo y lo comprendía todo. Estaba despierto y por eso podía confiar, se dejaba guiar y descansaba en Dios en medio de los fuertes vientos que lo azotaban. Poseía amor, paz, júbilo, fe y una fortaleza inquebrantable; mostró la naturaleza de Dios. Sabía de dónde venía, a dónde iba y a quién pertenecía. Es por eso que nos pidió que lo siguiéramos, porque El conocía el camino—el camino hacia la comprensión de que el Reino de Dios mora dentro de cada uno y de que no hay separación, aunque hayamos aprendido lo contrario.

Descubrí que no podía vincularme con Dios hasta que me di cuenta, a través del mensaje de Jesús Cristo, interpretado por el Espíritu Santo, que el amor de Dios nos recibe y acepta tal y como somos en cada momento. Cada filosofía que estudié me habló de Dios, pero no me había percatado o, mejor dicho, no había aceptado, de que realmente me ama incondicionalmente, como nos ama a todos. No sé usted, pero yo necesitaba sentirme incondicionalmente amado..., sin juicios ni críticas

Sin embargo, no llegué a la realización de que el Reino de Dios está dentro, hasta que descubrí la mente de Cristo en mí. Fue ese reconocimiento lo que me llevó a reconciliarme con Dios (conmigo mismo). A través de esa mente, descubrí ese amor por mí y por usted..., y por todos. Cómo le decía, es la mente que estaba en Jesús la que nos prepara para ver el mundo con amor y paz y nos enseña que la gratitud es el medio para los milagros (el cambio de percepción).

Su presencia dentro de mí me permite ver lo que el poder de Dios puede hacer cuando me parece imposible atravesar por las fuertes tormentas que azotan mi mente, y, por lo tanto, mi vida.

El mensaje que Jesús Cristo le trajo a mi corazón (el amor incondicional) es como un soplo de aire fresco que despeja mi ansiedad, dudas y temores. Basándome en eso, y para responder su pregunta, debo decir que, para mí, la respuesta es *sí*. Llegué a la conclusión de que sólo Jesús Cristo (la mente de Dios en mi) podía satisfacer los deseos de mi corazón, desterrar mis dudas y despojarme de mis preocupaciones, miedos e inseguridades. Es el único camino que encontré para llegar de regreso al hogar (al encuentro con uno mismo). Aceptar de que su mente está en mí, me da la tranquilidad que ninguna otra enseñanza espiritual me pudo dar, aunque reconozco que hay otros caminos para llegar a la autorrealización del Ser.

Tony se dio cuenta de que Daniel no estaba muy convencido. Se reflejaban en su rostro rastros de duda y escepticismo (resistencia). Tony permaneció en silencio por unos segundos. Se le quedó viendo a Daniel con afecto.

Tony Daniel, le dijo con voz suave. No puedo convencerlo de nada, no tengo ese poder. Solamente estoy compartiendo como las cosas se dieron en mi vida. Puedo reconocer en usted algo que un día experimenté en carne propia. Aunque todavía no cree con convicción en lo que estoy compartiendo, pienso que desea creer en algo más grande que usted mismo, de lo contrario, no se habría quedado hasta el final de esta historia. Créame cuando le digo, que Dios es amor y que ese amor llenará el vacío de su alma. El Cristo dentro de usted hará posible vivir la vida de una manera nueva. Al igual que yo, puede tener paz y alegría en su corazón; liberarse de la culpa, del dolor del pasado y de la ansiedad del futuro. El mensaje de Cristo (de que somos Uno con el Padre) conduce a la paz de Dios (no a la paz del mundo..., que viene y se va). Si tiene hambre de amor, armonía, aceptación, serenidad entre otras..., necesita a Dios. Cuando abra la puerta a esa Presencia en usted mismo, se dará cuenta de que siempre ha estado allí..., en su corazón, y al percatarse de ello, se dará permiso de aceptar, sin vacilar, de que somos una extensión del amor que sobrepasa todo entendimiento humano.

Tony permaneció en silencio dándole a Daniel la oportunidad de pensar en lo dicho. Después de un breve momento, se dirigió a la audiencia:

Es mi experiencia que la Presencia Divina (Cristo) transforma nuestros corazones. Espero que ustedes también lleguen a reconocerlo. Una de las cosas más maravillosas que he descubierto sobre el Ministerio de Jesús, es la verdad de que Cristo vino a liberarnos y a darnos vida en abundancia. Yo vivía tan esclavizado de los demás y de los obstáculos y pesadez que yo mismo inventé con mis juicios y proyecciones. Cuando la presencia se manifestó en mi experiencia (cuando estaba listo para recibirla) se rompieron las cadenas que me mantenían en sumisión al ego y experimenté libertad por primera vez en mi vida. Todo lo que puedo decirles es que sé que he encontrado la verdad para mí mismo, porque

> tengo amor, paz, alegría, aceptación y serenidad en mi mente, corazón y alma. Sé que ustedes también lo encontrarán..., si así lo desean.

Con estas últimas palabras, Tony se paró detrás de la cortina y el espectáculo concluyó.

El Maestro de Ceremonia agradeció a todos por venir y el público comenzó a salir del teatro.

Daniel se quedó sentado en silencio mientras los demás espectadores salían en fila. El relato le había dejado con una sensación de nostalgia (hambre por la experiencia de la presencia). Daniel salió a la calle. De repente, una voz familiar lo saludó. «¿Puedo acompañarte a la estación?», dijo Tony, poniéndose el sombrero.

EL FIN

www.ingramcontent.com/pod-product-compliance
Lightning Source LLC
LaVergne TN
LVHW051555080426
835510LV00020B/2982
* 9 7 8 1 7 3 4 5 0 7 0 2 7 *